Esparsas: Viagem aos papéis do Gueto de Varsóvia

Esparsas: Viagem aos papéis do Gueto de Varsóvia
Eparses: voyage dans le papiers du Ghetto de Varsovie
Georges Didi-Huberman

© Minuit, 2020
© n-1 edições, 2023
ISBN 978-65-81097-56-1

Embora adote a maioria dos usos editoriais do âmbito brasileiro, a n-1 edições não segue necessariamente as convenções das instituições normativas, pois considera a edição um trabalho de criação que deve interagir com a pluralidade de linguagens e a especificidade de cada obra publicada.

COORDENAÇÃO EDITORIAL Peter Pál Pelbart e Ricardo Muniz Fernandes
DIREÇÃO DE ARTE Ricardo Muniz Fernandes
ASSISTÊNCIA EDITORIAL Inês Mendonça
TRADUÇÃO Flávio Magalhães Taam
PREPARAÇÃO Pedro Taam
EDIÇÃO EM LaTeX Guilherme Araújo
CAPA Érico Peretta

A n-1 edições agradece à Ângela Cristina Salgueiro Marques pelo apoio à edição deste livro.

A reprodução parcial deste livro sem fins lucrativos, para uso privado ou coletivo, em qualquer meio impresso ou eletrônico, está autorizada, desde que citada a fonte. Se for necessária a reprodução na íntegra, solicita-se entrar em contato com os editores.

1ª edição | Abril, 2023
n-1edicoes.org

Esparsas: Viagem aos papéis do Gueto de Varsóvia

Georges Didi-Huberman

TRADUÇÃO Flávio Magalhães Taam

Sumário

1	Papéis chorados	9
2	Papéis amarelados	13
3	Papéis-desejos	17
4	Papéis murados	23
5	Papéis fugidos	29
6	Papéis apodrecidos	37
7	Papéis afogados	41
8	Papéis de adeus	49
9	Papéis de alarmes	55
10	Papéis quaisquer	63
11	Papéis de bala	69
12	Papéis-fotos	75
13	Papéis-contatos	83
14	Papéis-rostos	93
15	Papéis-conflitos	101
16	Papéis sagrados	113
17	Papéis-sementes	123
18	Nota	131

"Eu me lembro das fotos que mostram as paredes dos fornos laceradas pelas unhas dos asfixiados e um jogo de xadrez feito com bolinhas de pão"
Georges Perec, W, *ou memória de infância* (1975)

"Não, não vamos ficar sem fazer nada enquanto eles nos cercam. Nós temos uma máquina de agitar o Passado."
Henri Michaux, *Face aux verrous* (1954)

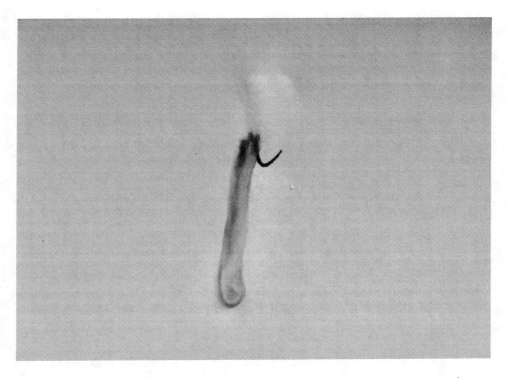

Esparsas: posições psíquicas que cada um pode encerrar numa única, numa simples experiência emocional.

Eu me lembro – foi há muito tempo – que, um dia em que eu chorava muito, encontrei por acaso meu rosto no espelho. Alguma coisa então se quebrou, alguma coisa surgiu: minha existência se tornou esparsa, clivada. Eu descobri, ao me ver chorando, uma percepção nova: ela partia, sem dúvida, de mim mesmo e de minha tristeza do momento, mas também abria, repentinamente, uma dimensão muito maior, impessoal e interessante. Um outro lugar no próprio aqui. Isso se tornou, em um único instante e sem dúvida pelo resto de minha vida, a lição de um novo olhar, nascido do distanciamento fatal nessa situação ótica: ao me ver chorar, de repente observei, como que do exterior, o que a emoção, algo totalmente interior, modificava na interface de meu rosto (nada bonito de se ver, aliás: regressivo, contorcido, amarrotado). Consequentemente, minha tristeza se revestia de um tipo de consciência fria sem ser apaziguada, aguçada, curiosa de mais detalhes, já irônica: um ato de conhecimento, em suma.

Opõe-se, em geral, o contato à distância. Erroneamente. Contato e distância se implicam mutuamente: tanto no plano temporal (porque se engendram um ao outro) quanto no plano espacial (porque não cessam de ir e vir de modo esparso um em direção ao outro, e acabam por se enredar, por se entrelaçar). Na minúscula experiência que relato, eu havia de fato criado uma certa distância: em relação a mim mesmo pelo viés de meu reflexo no espelho, em relação à minha tristeza pelo viés de minha situação de observador. No entanto eu não havia perdido o contato nem comigo mesmo nem com essa tristeza que, evidentemente, não havia desaparecido assim, sem mais nem menos. Acredito que posso até mesmo dizer que entendi um pouco melhor, com essa tomada de perspectiva imprevista, onde se encontravam os limites desse "eu" encerrado em sua tristeza, onde se encontravam, então, as possíveis saídas, as maneiras de transgredir esses limites. Tive, naquele momento, de imaginar que movimento era possível para descerrar uma tal tristeza e ultrapassar os limites de minha própria clausura emocional.

Há sempre um meio entre o contato e a distância: um vidro, uma membrana, uma transparência, ar, água. Naquele dia, entre meu olho e minha imagem no espelho havia apenas um pouco de ar, algumas lágrimas e a camada metálica do vidro (com a espessura deste). Ver-me chorar era, antes de tudo, instaurar o reino do meio sobre o próprio visível: o resultado foi uma certa opacidade. Com as lágrimas brotando-me aos olhos, meu *ver* era turvado, ou contradito, por meu *chorar*. E, com efeito, eu me via turvo. Mas logo essa situação estranhamente se inverteu: algo como uma nova lucidez logo assumiria o controle. Meus olhos tiveram que "fazer o balanço" e isso, provavelmente, no momento preciso em que a surpresa – desagradável – de me perceber chorando se modificava, se concentrava em um novo gesto, o de observar, de interrogar o olhar, portanto de conhecer ou, pelo menos, de "tentar ver". Finalmente as lágrimas haviam iluminado meu olhar.

Haveria uma relação entre *se lamentar* e *se olhar*? Se essa relação existe, então *se lamentar* poderia ser, em certas condições ou sob certas tomadas de perspectiva, algo além de um simples *páthos* padecido: um gesto ativo de conhecimento, uma tentativa de aliviar a dor que o domina. Simetricamente, *se olhar* deveria ser pensado como um movimento de afeto e não somente de conhecimento visual. Sem dúvida essa relação tem algo de trágico, sobretudo se pensarmos no célebre verso de Ésquilo, no *Agamêmnon*, no qual sabedoria e conhecimento teriam sido oferecidos aos mortais por meio de um *pathei mathos*, ou seja, um "saber do padecimento", uma ciência da dor – ou na dor. É impressionante que Gershom Scholem, por volta de 1917 (ele mal tinha vinte anos de idade), tenha decidido falar da *kinah*, a lamentação judaica, em termos de "tragédia" e de "poesia", mas também de afeto e de ensinamento, ao mesmo tempo: "Ser significa ser fonte de lamentação. [...] O ensinamento e a lamentação eram irmão e irmã nesse povo [judeu], e nele podia acontecer de o ensinamento se lamentar e a lamentação ensinar".[1]

Martin Buber, que já em 1903 havia começado a recolher as histórias da tradição hassídica, evocou, em sua grande coletânea publicada algumas décadas mais tarde, a figura quase definitiva – "como o ato final de um grande drama" – do rabino Menahem Mendel de Kotzk, morto em 1859. Ele era um sábio que lamentava o mundo e, consequentemente, nunca

---

[1]. G. Scholem, *Sur Jonas, la lamentation et le judaïsme* (1917-1919), trad. M. de Launay. Paris: Hermann, 2011, p. 61 e 64.

deixava de se encolerizar. Um "espírito de rebelião" que, "hirsuto, desgrenhado, com um rosto horripilante", gritava aos seus próprios discípulos "palavras entrecortadas, precipitadas, tumultuadas"; e "diante de sua violência, todos fugiam apressadamente, por todos os lados"...[2] Mas, quando sozinho novamente, ele se lamentava muito. Toda noite ele escrevia uma página da qual ninguém jamais saberá nada, uma vez que, na manhã seguinte, ele a rasgava ou queimava, e assim sucessivamente. Quanto a mim, prefiro essa versão da história que já não sei mais se li ou se inventei: toda noite ele escrevia uma página e, na manhã seguinte, ele a tomava em suas mãos, a aproximava de seu rosto e a relia, simplesmente. Mas, ao reler-se, ele chorava tanto que suas lágrimas apagavam todas as frases, todas as palavras, todas as letras de seu texto. E assim sucessivamente, por todos os dias de sua vida.

Como se todo o tempo tomasse corpo a partir desse ritmo vespertino e matinal: esperançoso, desesperado, sempre recomeçado. Um ritmo induzido pelo encontro, sobre uma folha de papel (meio, superfície), de um pouco de tinta (palavras, inscrições) e algumas lágrimas (água, emoções).

---

2. M. Buber, *Les Récits hassidiques* (1947), trad. A. Guerne. Paris: Plon, 1963 (reed. Monaco, Éditions du Rocher, 1978 [ed. 1996, coll. « Points »]), I, p. 75-76 (cf. igualmente II, p. 251-276). C. Chalier, *Le Rabbi de Kotzk (1787-1859). Un hassidisme tragique*, Paris- Orbey, Arfuyen, 2018.

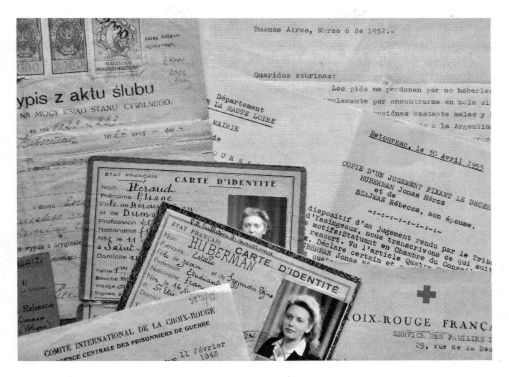

Esparsos: restos de memória, materiais ou psíquicos, que uma mesma história pode nos deixar para compartilhar.

Muitas décadas se passariam até que um pequeno maço de papéis de família, que dormiam em não sei que caixa, acabasse em minhas mãos. Papéis amarelados: uma *ketouba* [*contrato matrimonial*] em hebraico arabizado, ilegível para mim, ornado de estranhas figuras "cabalísticas", proveniente da sinagoga de la Ghriba, na Tunísia. Uma declaração do general De Gaulle agradecendo àqueles que, "respondendo ao chamado da França em perigo", se alistaram nas Forças Francesas Livres. Diversas menções por bravura militar. Alguns "diplomas" do Gabinete de Condecorações do

Ministério da Guerra. Extratos do registro do estado civil provenientes de Gabès. Uma certidão lavrada em Varsóvia em 1923, referente ao casamento de Jonas Huberman e Rywka Szajman (ou Szejman). As "carteiras de deportados políticos" destes, emitidas pela República Francesa em 3 de fevereiro de 1955, mais de onze anos após sua morte em Auschwitz-Birkenau.

Há também duas carteiras de identidade com o mesmo rosto de uma mulher: uma emitida (pela prefeitura) em nome de Estelle Huberman, nascida em 16 de junho de 1925; a outra fabricada (por um falsário profissional que trabalhava para a Resistência) em nome de Éliane Héraud, "estudante francesa" nascida em 11 de agosto de 1926. Há dois certificados de nacionalidade francesa mais tardios. A "cópia de uma sentença judicial que determina o falecimento de Huberman Jonas Héroz e de Szajman Rebecca, sua esposa", datada dos anos 1950. Há um diploma secundário, do curso "Clássico", como era chamado, emitido retroativamente a sua filha em 8 de novembro de 1944. E ainda três pequenos cadernos de poemas delicadamente copiados à mão: poemas de Goethe e de Hölderlin em alemão, notas sobre a vida de Beethoven, *As Borboletas* de Théophile Gautier, *Chora em meu coração* de Paul Verlaine, *O Convite à viagem* de Charles Baudelaire. E ainda tantos outros, entre trechos de Cícero, Ronsard, Rousseau, Tolstói, Victor Hugo, Rimbaud, Ibsen ou Marcel Proust... Das páginas de um desses cadernos caiu por acaso, tal como uma flor maliciosa, um selo cor de amaranto com a efígie do marechal Pétain. E, no meio de várias páginas deixadas em branco, uma audácia mal escondida, o *Canto dos partisans*, "letra de Joseph Kessel".

Numa breve carta escrita à máquina em espanhol, proveniente de Buenos Aires, um parente chamado Simon Szejman – resistente comunista fugido da Polônia para o Leste, alistado no Exército Vermelho e posteriormente internado num gulag do qual conseguiu escapar – se dirige em 1952 a seus *"queridos sobrinhos"* para pedir-lhes uma fotografia da pequena

Évelyne, nascida em 1949. Há, enfim, marcadas com selos escarlates, duas cartas oficiais provenientes da Cruz Vermelha. A primeira foi enviada de Genebra em 11 de fevereiro de 1943: "Informamos por meio desta que o auxílio que enviamos sob seu pedido à Sra. Viúva Szejman Wolff em Varsóvia retornou com a indicação de que a beneficiária não compareceu para a retirada dos fundos. Solicitamos que nos indique se podemos efetuar o reembolso desta soma por meio de nossa conta de cheque postal em Lyon".

A parente de Varsóvia a quem o "auxílio" foi enviado não "compareceu", e não sem razão. Diante de quem ela poderia ter "comparecido"? Ela não teria se "ausentado" há algum tempo, desde uma crueldade da qual nada sei e, sem dúvida, jamais saberei? O dia 22 de julho de 1942 não foi justamente, em Varsóvia, o de uma das primeiras grandes deportações da *Aktion Reinhardt* para Treblinka (um dia que, estranhamente, coincidia com a festa de Tish'a B'av em comemoração à destruição do Templo de Jerusalém)? Adam Czerniaków, o presidente do Conselho Judaico do Gueto de Varsóvia, já não havia cometido suicídio, em 23 de julho, ao compreender que não conseguiria salvar nem mesmo as crianças? O dia 21 de setembro de 1942, festa de Yom Kipur, não havia marcado a última etapa dessa "grande deportação" – como ela costumava ser chamada – na qual quase 300 mil Judeus do gueto de Varsóvia foram mortos? Onde poderia então estar, sob essas condições, a "Sra. Viúva Szejman Wolff, de Varsóvia", em fevereiro de 1943?

Essa primeira carta chegará, então, a Jonas Huberman e à sua esposa no interior da França, num momento de angústia e de ignorância quanto ao que se passava dentro dos muros do gueto de Varsóvia, onde residia uma grande parte dessa família. Depois foram eles mesmos denunciados, por um vizinho, à polícia francesa e logo enviados à Polônia, *via* Drancy, pelo comboio nº 72 de 29 de abril de 1944, a Auschwitz-Birkenau, para serem executados na câmara de gás. Encontrei ainda, entre os papéis amarelados, uma segunda carta da Cruz Vermelha, agora endereçada à sua filha, remetida pelo "Serviço dos familiares dispersados". A carta, datada de 17 de outubro de 1944, explica que "neste momento é impossível obter informações a respeito ... de Sr. e Sra. Jean Huberman, detidos na prisão de Clermont-Ferrand [e depois] levados pelos alemães".

Pobres papéis amarelados. Folhas esparsas, ao mesmo tempo mortas e sobreviventes. Folhas secas ou cascas caídas de uma árvore genealógica ela mesma inseparável dessa vasta floresta que chamamos de história. O espaço é imenso, não tem fim o tempo em que sopra o vento do mal que o homem sabe causar ao homem. Mas a isso sempre resistirão, combaterão alguns galhos mais ousados que outros. Braços que se levantam a partir do fundamental desejo de sobreviver, de escapar, de desobedecer à morte.

    Esparsas: oportunidades de retorno, aqui e ali, ainda e sempre, no calor de um tal desejo: quando alguns se insurgem, fazendo vacilar uma situação de terror imposta a todos.

    Desde criança eu viro e me reviro psiquicamente em torno dessa situação, a do gueto de Varsóvia entre 1939 e 1943. Compreender tal situação desafia, sem dúvida, a nossa imaginação. Mas a imaginação – faculdade que é ética e política antes mesmo de ser exercida literária ou artisticamente, por exemplo – trabalha, de qualquer maneira, na imaginação do desafio, da exigência, da apreensão impossível. Não possuímos aquilo que imaginamos. Imaginamos esparsamente, de forma lacunar. Imaginamos com muita dificuldade, repetimos infinitamente, ficamos em pane. É pela imaginação, no entanto, que se traçam as vias necessárias à própria compreensão histórica e à interpretação política. Exercitar a imaginação seria, em última análise, não uma fantasia pessoal, mas um desafio de saber algo que não nos é dado de forma imediata, clara ou distinta. Algo que "chama" nossa consciência desde uma distância – assim, hoje, a guerra contra todo um povo, lá na Síria – ou de um passado que, como o do gueto de Varsóvia, parece de fato desafiar nossa imaginação.

Há cerca de dois anos, senti a necessidade de voltar a algumas das questões que, mais do que nunca, a situação humana do gueto de Varsóvia nos coloca. Reli algumas coletâneas clássicas – como a de Michel Borwicz, que comprei quando era adolescente e que me comoveu bastante[1] – e certas crônicas redigidas por Adam Czerniaków, Hillel Seidman e Ionas Turkov,[2] cada um em sua época. Eu tentava acima de tudo compreender a força extraordinária – extraordinária porque desesperada, tão certa de seu direito quanto de sua derrota próxima – que havia levado um pequeno número de pessoas a se revoltar contra o opressor nazista. Desejo imenso de revolta. Desejo ardente; desejo logo consumido em chamas, tornado cinzas e escombros, uma vez que o gueto foi sistematicamente incendiado e arrasado sob ordens do general da SS Jürgen Stroop.

Os insurgentes eram, em sua maioria, muito jovens, como Mordechai Anielewicz, o comandante em chefe da Organização de combate, morto de armas em punho aos 24 anos de idade. Dele nos resta uma breve carta-testamento, mas alguns de seus camaradas, como Marek Edelman (tão

---

1. M. Borwicz (org.), *L'Insurrection du ghetto de Varsovie*. Paris: Julliard, 1966.
2. A. Czerniaków, *Carnets du ghetto de Varsovie* (1939-1942), trad. J. Burko, M. Elster e J.-C. Szurek. Paris: La Découverte, 1996. H. Seidman, *Du fond de l'abîme. Journal du ghetto de Varsovie (juillet 1942-mars 1943)*, trad. N. Weinstock. Paris: Plon, 1998. I. Turkov, *C'était ainsi. 1939-1943 : la vie dans le ghetto de Varsovie* (1948), trad. M. Pfeffer. Paris: Éditions Austral, 1995.

jovem quanto ele) ou Bernard Goldstein, escreveram longas e notáveis crônicas, igualmente fatuais e reflexivas: eles descrevem as situações de urgência sem nunca esquecer seus aspectos psíquicos, sociais e, claro, políticos[3] (Edelman et Goldstein eram ambos membros do Bund, movimento de emancipação dos trabalhadores judeus que na época era chamado de "socialista" e que hoje diríamos de extrema esquerda). Tocamos com os dedos, página após página, o que significa *se revoltar*. Ali descobrimos também – como nas memórias escritas ulteriormente por Yitzhak Zuckerman (dito "Antek") ou Simha Rotem (dito "Kazik")[4] – que os gestos de revolta se declinam em todas as dimensões da existência, da mais modesta à mais esplendorosa, da mais serena à mais desesperada, da mais suave à mais violenta.

Dessa história trágica, no entanto, logo surgiu a figura tutelar daquele que trabalhou incansavelmente – de forma clandestina, é claro – para torná-la possível em termos de conhecimento: constituir uma história (um conhecimento) esparsa mas bastante detalhada da história (da experiência) do gueto de Varsóvia. Este é Emanuel Ringelblum. Ele trabalhava constantemente nestas duas dimensões ao mesmo tempo: a história a ser sobrevivida (a história padecida e que se deve tentar transformar por meio

---

3. M. Edelman, *Mémoires du ghetto de Varsovie* (1945), trad. P. Li e M. Ochab. Paris: Éditions du Scribe, 1983 (reed. Paris, Éditions Liana Levi, 2002). Id., *La Vie malgré le ghetto : « Et il y avait de l'amour dans le ghetto »*. *Propos recueillis par Paula Sawicka* (2008), trad. M. Smorag-Goldberg. Paris: Éditions Liana Levi, 2010. B. Goldstein, *L'Ultime Combat. Nos années au ghetto de Varsovie* (1947), trad. E. Dal e V. Clerck-Ayguesparse. Paris: La Découverte-Zones, 2008.
4. Y. Zuckerman (« Antek »), *A Surplus of Memory. Chronicle of the Warsaw Ghetto Uprising* (1990), trad. B. Harshav, Berkeley-Los Angeles, University of California Press, 1993. S. Rotem (« Kazik »), *Mémoires d'un combattant du ghetto de Varsovie* (1993), trad. G. Marlière. Paris: Ramsay, 2008. Cf. ainda, entre outros testemunhos, D. Klin, *À cache-cache avec la mort. Un résistant juif à Varsovie de 1939 à 1945* (1968), trad. B. Vaisbrot. Paris: Éditions Le Manuscrit, 2017.

dos mais loucos riscos) e a história a ser pensada (a história a ser escrita, numa tentativa de que ela sobreviva, documentada por meio de pacientes anotações). Entre essas duas dimensões, Emanuel Ringelblum se mostrou tão coerente quanto dividido, certamente sentindo-se esparsado pela dupla tarefa que assumia.

Emanuel Ringelblum se revoltava ao escrever a história dos seus, chamados a desaparecer, para que ela chegasse até – e fosse lida por – outros, estes chamados a sobreviver, e dos quais ainda hoje fazemos parte. Ele foi um *resistente escrevendo*, um resistente de papel, preenchendo suas folhas incansavelmente até seu último esconderijo, antes de ser preso e fuzilado com sua mulher e seu filho pequeno em março de 1944. Os militares e os políticos costumam zombar do papel: um "tigre de papel" é, sem dúvida, muito mais frágil e ineficiente para tomar o poder do que um batalhão armado corretamente. Diante de nossa folha de papel, muitas vezes nos resta apenas chorar por nossa impotência. Mas pode ser que um modesto maço de papeis sobreviva aos batalhões, aos militares e aos dirigentes, além de qualquer distinção entre vencedores e vencidos. Esta é a potência do papel: a inscrição à tinta ou a lápis e a superfície de celulose são capazes de persistir mais longamente que nós humanos. A folha de papel, por mais frágil que seja, por mais exposta que esteja ao fogo, não é capaz de sobreviver a seu autor, a seu censor, e também a seu leitor?

Entre janeiro e maio de 2017, proferi na École des Hautes Études en Sciences Sociales alguns seminários sobre essa história, a partir de um texto escrito anteriormente sobre a seguinte questão: como se revoltar quando se está *contra a parede*, a parede do gueto, claro, mas também a parede de uma ausência programada de qualquer resultado viável?[5] Naquela ocasião, recorri naturalmente às fontes iconográficas de que dispunha, algumas das

---

5. G. Didi-Huberman, *Désirer désobéir. Ce qui nous soulève*, 1. Paris: Les Éditions de Minuit, 2019, p. 353-381.

quais hoje refotografo sobre minha mesa de trabalho: um folheto clandestino do movimento juvenil do Bund – na verdade a capa do jornal *Yugnt shtime* ("A voz dos jovens") de dezembro de 1940 – convocando à insurreição e à fraternização com a Resistência polonesa; imagens da muralha em construção, ora servindo de apoio a algum mendigo faminto, ora sendo utilizada pela SS para cercar a população e "colocá-la no paredão", como se diz; ou ainda escalado por aqueles que tentavam "pular o muro", no mínimo para trazer comida contrabandeada do "lado ariano" dessa prisão de tijolos.

Solicitei também duas fontes visuais produzidas pelos alemães: as fotografias tiradas por Heinrich Jöst em 19 de setembro de 1941 ao longo de sua "visita" pelas ruas do gueto e as que acompanhavam o sinistro *Relatório Stroop* de maio de 1943 sobre a repressão do levante e o extermínio de tudo que pudesse permanecer vivo no gueto. Apesar de seu ponto de vista – nazista –, as imagens desse dossiê militar continuam, hoje, entre as mais comoventes que nos restaram: a famosa criança judia de braços levantados diante dos fuzis (e da câmera) da SS, a inflexível dignidade das e dos insurgentes que acabavam de ser presos, aos quais uma morte certa era prometida, sem piedade, certamente imediata.

Ao fim de um desses seminários, um homem estranho – reservado, indecifrável – veio me ver. Ele me disse em inglês, com um forte sotaque polonês, que seria bom que eu conhecesse o pequeno corpus de fotografias incluído por Emanuel Ringelblum e sua equipe na pilha de arquivos enterrados em 3 de agosto de 1942, décimo-terceiro dia da "grande deportação" dos judeus do gueto. Eu fiquei estarrecido. Ninguém nunca fala dessas fotografias. Elas nunca haviam sido publicadas. Como isso era possível, no caso de um tema histórico cuja documentação visual é tão rara? Na edição francesa dos *Archives clandestines du ghetto de Varsovie (Archives Emanuel Ringelblum)* – até hoje, dois volumes foram publicados dos 35 existentes da edição polonesa, da qual ainda restam cinco volumes a serem publicados[6] –, elas mal são mencionadas, exceto muito brevemente, sem nenhum detalhamento, no prefácio escrito pela editora científica polonesa, Ruta Sakowska.[7]

Naturalmente, perguntei a esse homem – que, segundo vim a saber, se chamava Rafał Lewandowski e dedicava um vasto trabalho à questão da relação entre fotografia e arqueologia – em que consistia esse conjunto de imagens. De início ele me disse não saber muita coisa a esse respeito e que não poderia me mostrar nada, porque tudo isso estava guardado num baú em Varsóvia. Ele me repetia: "Você deveria ir ver por si mesmo". Os meses se passaram. Um dia ele voltou e me disse que poderia me mostrar, em seu computador, algumas dessas imagens. Eu as olhei. Entendi imediatamente, em relação à iconografia já publicada desses eventos, que ali havia algo que estava à espera, que chamava. Um tesouro mudo – mas um tesouro de *gritos mudos*, um "tesouro de sofrimentos" (*Leidschatz*), como dizia Aby Warburg.

Foi então que voltei – eu mesmo todo revirado – a essa cidade espectral que é Varsóvia.

---

6. *Archives Ringelblum. Archives clandestines du ghetto de Varsovie, I. Lettres sur l'anéantissement des Juifs de Pologne*, org. R. Sakowska, trad. B. Baum, É. Grumberg, Y. Niborski, A. Grudzińska e J.-C. Famulicki. Paris: Fayard-BDIC, 2007. *Archives Ringelblum. Archives clandestines du ghetto de Varsovie, II. Les enfants et l'enseignement clandestin dans le ghetto de Varsovie*, org. R. Sakowska, trad. B. Baum, É. Grumberg, Y. Niborski, M. Laurent e L. Dyèvre. Paris: Fayard-BDIC, 2007. A edição de referência é *Archiwum Ringelbluma. Konspiracyjne Archiwum Getta Warszawy*, org. K. Person, E. Bergman e T. Epsztein. Varsóvia: Zdowski Instytut Historyczny im. Emanuela Ringelbluma, 1997- 2017.

7. R. Sakowska, « Introduction », *Archives Ringelblum. Archives clandestines du ghetto de Varsovie, I*, op. cit., p. 17.

Esparsas: escoriações da destruição que um espaço pôde sofrer na história, tal como o tecido urbano de Varsóvia.

O general da SS Jürgen Stroop não se contentou, em maio de 1943, em reduzir a nada – graças a seus soldados excessivamente armados, à artilharia pesada, aos blindados e até mesmo à força aérea – o levante de uns setecentos e cinquenta Judeus do gueto de Varsóvia que o enfrentaram durante várias semanas com algumas granadas e pistolas. A sua ira se espalhou por todo o espaço. Prédio após prédio, sob suas ordens tudo foi incendiado. A grande sinagoga, dinamitada. No fim, ele reduziria todo o espaço do gueto a um puro e simples deserto de escombros. Nas fotos dessa época, apenas o sino da igreja mais próxima emerge de uma paisagem rochosa: testemunha de uma devastação direcionada, sem precedentes. Até o muro de tijolos, erguido e pago pelos próprios judeus sob coerção dos nazistas, até o muro do gueto desapareceu nessa devastação.

Caminho por Varsóvia. Não vejo nada de toda essa história, exceto, para começar, uma placa pouco reconfortante indicando a direção do *Umschlagplatz*, o local de triagem e de "transbordo" de onde partiam os comboios em direção às câmaras de gás de Treblinka. Esta é sem dúvida, digo a mim mesmo, uma placa "memorial" para os turistas que vêm para se lembrar, mesmo que nada seja reconhecível hoje em dia. Um pouco mais tarde, caminho acompanhado de uma especialista na topografia do gueto, Agnieszka Kajczyk. Ela sabe onde encontrar os restos. Ela trabalha no Instituto histórico judaico de Varsóvia, a instituição que conserva os arquivos de Emanuel Ringelblum e que me recebe por três dias, apenas para ver essas célebres fotografias do gueto.

Por enquanto, a rua. Aqui, algumas pedras da calçada da época. As extremidades de um trilho de bonde. Ali, quatro fios recentemente pendurados entre dois pilones para indicar onde e a que altura se encontrava a ponte de madeira que pairava, por alguns meses, sobre a animação quase normal da "zona ariana". Além disso, alguns antigos prédios em ruínas, janelas quebradas, escancaradas. A vegetação que cresce pelas paredes, um mendigo que vive ali no recôncavo de uma porta condenada, marcas de balas nas paredes. E então, nos fundos de outra construção, se ergue um pedaço preservado do muro do gueto. Os tijolos ainda têm os mesmos tons de vermelho e laranja, unidos por um cimento cinza. É possível estimar a altura exata. Peregrinos – e, algumas vezes, instituições museológicas como a Yad Vashem, de Jerusalém, ou o Museu de Houston, no Texas – cavaram um espaço para retirar um ou dois tijolos da parede, criando ali cavidades nas quais foram colocadas pequenas pedras, como sobre os túmulos dos cemitérios judaicos. Um pouco mais longe, numa outra rua, fotografo um subproletário de hoje – um imigrante – que restaura um muro moderno com o mesmo tipo de tijolo.

Quando o cerco, encarnado por essa muralha de tijolos, se fechou em torno da população judia de Varsóvia, Emanuel Ringelblum tomou três principais decisões. A primeira foi a de *permanecer*. Não abandonar o navio. Saber que passaremos fome com os outros, que arriscaremos as nossas vidas – e a de nossas famílias – a cada batida, a cada intervenção da SS, em resumo, a cada esquina e a cada instante desse tempo fechado. A segunda decisão foi a de *ajudar*: agir com os outros pelos outros, por essa comunidade cada vez mais impiedosamente ameaçada. Samuel Kassow, em seu grande estudo sobre os arquivos do gueto de Varsóvia, relatou em detalhe como Ringelblum trabalhou incansavelmente como parte de uma organização de apoio chamada *Aleynhilf*, cujo próprio nome sugeria a ideia de uma ajuda levada ao outro ao mesmo tempo que a si mesmo.[1]

Essa decisão foi política, certamente. Na contramão da atitude negociadora do *Judenrat*, o "Conselho judaico" nomeado e inteiramente controlado pelos nazistas, ela teve origem, em Ringelblum, num compromisso inabalável – desde 1920 – com a ala "esquerdista" e marxista do partido Poaley Tsiyon [Operários de Sion]: ala chamada, consequentemente, de Linke Poaley Tsiyon e marcada, contra os sionistas de direita, pela personalidade de Ber Borochov.[2] Nessas condições, compreendemos melhor que Emanuel Ringelblum desempenhou um papel importante no desenvolvimento dos "comitês de imóveis", espécies de conselhos civis do gueto que buscavam organizar a vida de maneira autônoma e, consequentemente, amplamente clandestina. Em seu diário pessoal, lemos várias reflexões, argumentos ou inquietações a respeito das sopas populares, que eram de

---

1. S. D. Kassow, *Qui écrira notre histoire ? Les archives secrètes du ghetto de Varsovie : Emanuel Ringelblum et les archives d'Oyneg Shabes* (2007), trad. P.-E. Dauzat. Paris: Grasset, 2011 (reed. Paris, Flammarion, 2013), p. 141-216.
2. Ibid., p. 51-80.

necessidade vital. Em agosto de 1941, ele escreve, por exemplo: "A questão da mendicância nunca deixa de ocupar nossa ordem do dia, independentemente das 120 000 refeições do meio-dia".[3]

A terceira decisão foi, então, a de *escrever*. Contar, descrever, recopiar, coletar, recortar. Acumular documentos, todos os documentos possíveis: manuscritos, textos datilografados, policopiados ou impressos. Em iídiche, em hebraico, em polonês, em alemão. Estatísticas pacientemente compiladas. Ensaios, poemas, ficções, crônicas. Peças de teatro, deveres de casa feitos pelas crianças nas escolas clandestinas (os alemães haviam retirado, no gueto, o direito ao ensino). Canções de rua. Desenhos, cartões postais. Bilhetes jogados às pressas dos vagões de transporte de gado em direção a Treblinka. Mapas do campo estabelecidos pelos raríssimos casos daqueles que conseguiram escapar.

Foi também uma decisão política a constituição de um corpus de testemunhos destinados a prestar queixa ao tribunal da história. Essa decisão, é claro, só podia ser coletiva, assim como clandestina. Ela supunha a reunião de um grupo de "camaradas" que trabalharam intensamente nessa extraordinária coleta, da qual 35.369 páginas foram encontradas após a guerra. Esse grupo se reunia em segredo todo sábado, donde o nome – irônico, pois tratava-se de uma reunião de trabalho – de *Oyneg Shabes*, que signifíca em iídiche "a alegria do shabat" (*Oneg Shabat*, em hebraico). Nenhuma das grandes sínteses históricas sobre o gueto de Varsóvia – principalmente como as de Yisrael Gutman ou de Barbara Engelking e de Jacek Leociak[4] –

---

3. E. Ringelblum, *Oneg Shabbat. Journal du ghetto de Varsovie* (1939-1942), trad. N. Weinstock e I. Rozenbaumas. Paris: Calmann-Lévy, 2017, p. 257.
4. Y. Gutman, *The Jews of Warsaw, 1939-1945 : Ghetto, Underground, Revolt*, Bloomington, Indiana University Press, 1982. Id., *Resistance : the Warsaw Ghetto Uprising*, Boston-New York, Mariner Books-Houghton Mifflin Company, 1994. B. Engelking e J. Leociak, *The Warsaw Ghetto : a Guide to the Perished City* (2001), trad. E. Harris, New Haven-Londres, Yale University Press, 2009.

teria sido possível sem esse trabalho de escrita e de coleta tão arriscado quanto paciente e minúsculo, do tamanho de simples folhas de papel.

Diante dos restos da muralha de tijolos do gueto, me peguei olhando as pedrinhas depositadas na fenda como objetos de lamentação, lágrimas cristalizadas à espera de uma palavra, mas que fosse outra além da oração unicamente. Lembrei-me então da alegoria utilizada por Gustawa Jarecka, membro da *Oyneg Shabes*, pouco antes de ser levada para Treblinka, onde morreria em janeiro de 1943, com seus dois filhos: "A crônica [que nós escrevemos no gueto] deve ser lançada como uma pedra sob a roda da história a fim de pará-la. [...] Podemos perder toda esperança, exceto esta: que o sentido do sofrimento e das destruições desta guerra surgirá quando eles forem considerados de longe, numa perspectiva histórica".[5]

Gustawa Jarecka havia sido colocada contra o muro, presa por seus opressores. Para ela, não houve milagre, apenas para suas frases que podemos ler, ainda hoje, depois de sua morte. Este, aliás, não é um milagre: é a simples potência de insistir que todo gesto de escrever oculta. A alegoria que ela inventou então poderia ser a de uma pedra lançada pelo pequeno *estilingue* do oprimido contra seu opressor – sua revolta. Ela poderia ser considerada, igualmente, como o elogio mais potente e mais pungente dessa modesta atividade de papéis rabiscados tão frequentemente às pressas: escutar as vozes dos naufragados, contar sua história para nós, para o futuro. E fazer dessas histórias uma revolta em ato – sim, um ato de papel – contra os canalhas.

---

5. Citado por S. D. Kassow, *Qui écrira notre histoire ?*, op. cit., p. 23.

Esparsos: porões, esconderijos onde se abrigam, mesmo que provisoriamente, seres ou restos ameaçados pelo inimigo que os procura.

Como todos os ativistas clandestinos – dentro e fora de seu trabalho de investigação permanente em busca de testemunhos de todo tipo –, Emanuel Ringelblum foi forçado a um perpétuo deslocamento, a uma migração incessante que o fazia perambular pelo interior do gueto e, às vezes, o levava a cruzar, pela rede de esgotos, a temível fronteira. Sempre em ziguezague para cobrir suas pistas, ele mudava de caminho para deixar o mínimo possível de rastros. Embora sua existência se concentrasse em duas ideias fixas – prestar socorro (trabalho de ajuda mútua) e prestar queixa (trabalho da história) –, ela estava, no dia a dia, marcada pelo esparso das circunstâncias e bifurcações que estas impunham. Era preciso tomar notas ou reunir papeis de risco como os jornais da imprensa clandestina e, para isso, era importante correr aqui e ali, encontrar o máximo de informantes possível, andar muito olhando para trás. O arquivo do *Oyneg Shabes*, embora tenha sido constituído dentro do próprio gueto de Varsóvia, exigiria inúmeros trajetos, encontros, encruzilhadas, cruzamentos de fronteiras, negociações discretas, movimentos na sombra.

Foi então de uma posição instável como essa que Ringelblum e seus companheiros conseguiram documentar, com uma precisão estarrecedora, a vida cotidiana – e a morte cotidiana – dos habitantes do gueto. Isso se vê no *Diário* do historiador, por exemplo, quando ele observa a maneira com que os alemães, em 8 de maio de 1942, vêm filmar o gueto para fins de propaganda: "Agora eles estão filmando o gueto. Durante dois dias, eles filmaram na prisão judaica e na *kehillah* [ou seja, na sede do *Judenrat*]. Eles reuniram uma multidão de Judeus na rua Smocza e ordenaram os policiais ju[deus] a dispersá-los".[1] Tal como fazia Victor Klemperer em Dresden na mesma época, ele estuda o mais detalhadamente possível a sintaxe e o vocabulário antijudeus dos alemães ("epidemia, vermes") e dos poloneses ("Bolchevique, Anticristo").[2]

Ele descreve minuciosamente a evolução do processo antissemita, que vai da ofensa mais estúpida – como quando Wedel, o famoso confeiteiro de Varsóvia, a partir de dezembro de 1939 deixa de vender chocolates aos Judeus[3] – ao extermínio propriamente dito, passando pelos cemitérios profanados ou pela obrigação feita aos Judeus de eles mesmos destruírem seus objetos de culto nas sinagogas.[4] Ele descreve em detalhes, friamente,

---

1. E. Ringelblum, *Journal du ghetto de Varsovie*, op. cit., p. 327.
2. Ibid., p. 256 e 300.
3. Ibid., p. 30.
4. Ibid., p. 175 e 198.

a temível *Umschlagplatz*.⁵ Ele escreve um ensaio inteiro sobre o trabalho forçado, que ele intitula "Marcas da escrav[idão] moderna".⁶ Ele rabisca incansavelmente resumos deste tipo: "Eles lhes batem nas orelhas e na cabeça até a morte. [...] Quando alguém era morto, os Judeus postos a trabalhar deviam manter o rosto colado ao muro. [...] Era um inferno. Uma terrível caça ao homem. [...] O fato de colocar os Judeus contra o muro como modo de atração".⁷

Historiador rigoroso, Ringelblum tenta também estimar as curvas de mortalidade no gueto. É, então, como se ele pontuasse de observações precisas, no dia a dia, a conta assustadora de cerca de cem mil Judeus mortos de fome ou de doenças decorrentes da fome, entre setembro de 1939 e meados de julho de 1942, e cerca de trezentos mil enviados a Treblinka, onde seriam mortos por gás entre 22 de julho e 21 de setembro de 1942. "Estima-se que menos da metade terá sobrevivido", escreve Ringelblum em 15 de novembro de 1940, sem sequer imaginar, certamente, a decisão por vir de uma "Solução final".⁸ Ele escreve, em 18 de março de 1941: "Praticamente não passa nenhum dia sem que eu veja duas ou três pessoas caírem de inanição na rua".⁹ Naquele março de 1941, Ringelblum estima a mortalidade do gueto em 400 pessoas por semana, contra 200 quinze dias antes. Em 21 de abril, "a taxa de mortalidade da população ju[dia] passou a ser estarrecedora: um aumento de 150 a 500 e até a 600 por semana [...]. São massas inteiras de pessoas que foram encontradas caídas na rua".¹⁰ No começo de maio, "a taxa de mortalidade assumiu um aspecto catastrófico, sete vezes mais alta que em novembro", até esta situação paradoxal: "A morta-

---

5. Ibid., p. 363-364.
6. Ibid., p. 374-377.
7. Ibid., p. 76, 109 e 116.
8. Ibid., p. 161.
9. Ibid., p. 210.
10. Ibid., p. 206 e 234.

lidade é tão elevada que os comitês de imóveis se encontram obrigados a se preocupar mais com os mortos que com os vivos".[11]

Todo esse arquivo da destruição de um povo é, portanto, ao mesmo tempo um ato de conhecimento, um ato de ajuda mútua e um sofrimento diretamente vivido pelo arquivista: uma implicação assumida no processo que ele via e do qual ele mesmo sofria ao mesmo tempo. Se há uma lamentação inerente ao *Diário* de Emanuel Ringelblum e a seu arquivo em geral, é que o historiador, como todos os seus companheiros, recebia ele mesmo os golpes que observava na dor dos outros. Ele era, em resumo, um moribundo que olhava, da forma mais lúcida possível – tomando febrilmente suas notas, acumulando papéis sobre papéis –, morrer seu próprio povo.

Um moribundo lúcido. Um moribundo animado pelo imenso desejo de que, se ele não sobreviver, pelo menos os seus maços de papéis sobreviverão: que as "cartas de dolência" e de dor de seu povo chegarão, além da muralha de terror e de mentira imposta pelo opressor, aos outros povos do mundo e a todas as gerações futuras. Ringelblum, pode-se dizer, foi bem-sucedido nesse ponto, embora de forma incompleta. Ele não conseguiu salvar a vida de seu filho Uri, de sua esposa Yehudis e a sua própria: foram todos capturados, e quase imediatamente fuzilados, em março de 1944, apesar de estarem escondidos na "zona ariana" num "bunker" subterrâneo aparentemente bem-protegido, situado na rua Grójecka.[12]

Nesse meio tempo, em 3 de agosto de 1942 – ou seja, no décimo-terceiro dia da primeira "ação" de massa –, uma parte dos documentos coletados havia sido colocada em dez caixas de lata e enterrada no porão de um prédio situado ao número 68 da rua Nowolipki. O local não era neutro, e seu valor simbólico, considerável: tratava-se da escola primária clandestina Ber Borochov – o nome do "mestre" político de Emanuel Ringelblum. O

---

11. Ibid., p. 239 e 243.
12. S. D. Kassow, *Qui écrira notre histoire ?*, op. cit., p. 513-548.

enterro dessa parte do arquivo havia sido feito sob a supervisão de um membro importante do *Oyneg Shabes*, Izrael Lichtensztajn, com a ajuda de dois de seus alunos, David Graber (de dezenove anos) et Nachum Grzywacz (de dezoito anos), que também acrescentaram, às pilhas de papéis reunidos, suas próprias biografias e testamentos.

Uma segunda parte do arquivo Ringelblum permaneceu encerrada em duas grandes latas de leite e disposta no mesmo local entre o fim de fevereiro e o começo de maio de 1943. Seu esconderijo foi cuidadosamente fechado. Uma terceira parte foi enterrada, antes do levante do gueto, no subsolo de um outro prédio situado ao número 31 da rua Swietojerska, onde, após a guerra, encontrou-se apenas um pequeno maço de documentos queimados. Ainda circulam alguns rumores a respeito dessa "terceira parte" supostamente escondida ou roubada (ainda mais porque, nesse local, hoje situa-se a embaixada da China, uma instituição opaca, propícia a todas as extrapolações).

A maior parte dos colaboradores do *Oyneg Shabes* – cerca de cinquenta ou sessenta pessoas, segundo Samuel Kassow[13] – foi assassinada, com suas famílias, sem deixar nenhum vestígio. Jamais saberemos nomeá-los todos, e seu elogio, assim, só pode ser coletivo. Três deles sobreviveram, no entanto: Hersh Wasser e sua mulher, Bluma – que conseguiram escapar da morte várias vezes, sob as circunstâncias mais insanas –, e Rachel Auerbach, cujo testemunho, incluído no arquivo em julho de 1942, mistura, de forma marcante, um caráter de vingança e de desespero. Em abril de 1946, durante uma reunião organizada em Varsóvia – onde tudo ainda estava devastado – para comemorar o terceiro aniversário do levante do gueto, Rachel Auerbach tomou a palavra. Assim registrou o escritor iídiche Mendel Mann sua memória do evento: "Ela não fez nenhum discurso, ela teve o cuidado de não 'explicar o significado' da insurreição. Ela implorou!

---

13. Ibid., p. 218

Com uma determinação que me comoveu profundamente, ela exigiu, ela clamou: não esqueçam, gritou, um tesouro nacional está enterrado sob as ruínas. Os arquivos Ringelblum estão aqui. Não podemos descansar até desenterrar os arquivos".[14]

Mas Rachel Auerbach se deparou, após a guerra, com uma procrastinação dubitativa de seus ouvintes à qual o próprio Ringelblum, durante a guerra, já teve que se opor. Como se nunca fosse o momento certo para examinar esses arquivos. Para que servem os arquivos de um sofrimento que estamos sentindo em nossa carne?, objetaram – frequentemente de um ponto de vista religioso desvinculado de uma perspectiva histórica – a Emanuel Ringelblum.[15] Por que escavar a terra em busca desses pobres papéis, quando todos sabem muito bem o que aconteceu?, objetaram então a Rachel Auerbach. "Os sobreviventes diziam a si mesmos que eles não tinham nenhuma necessidade de que os historiadores viessem falar-lhes da catástrofe".[16] Porque, como sofriam com ela, acreditavam saber tudo a seu respeito (uma atitude que concerne, aliás, à Shoah em geral, quando ela é vivenciada como um absoluto emocional ou metafísico).

Graças à sua determinação, no entanto, Rachel Auerbach obteve ganho de causa. Foi decidido que se buscariam esses documentos, uma tarefa nada fácil, em meio ao mar de escombros que se tornou o gueto, no qual o próprio traçado das ruas havia desaparecido completamente, assim como a localização dos prédios. Agnieszka Kajczyk, no local onde se situava a escola Borochov – impossível de imaginar hoje em dia –, me explica que Hersh Wasser, embora conhecesse o local do primeiro esconderijo, incialmente se desesperou, em 1946, por não poder reconhecer mais nada. Foi preciso recorrer à ajuda de fotografias aéreas para localizar exatamente

---

14. Citado em ibid., p. 298.
15. Ibid., p. 31.
16. Ibid., p. 299.

a "sepultura" dos arquivos Ringelblum. Mas as caixas de folha-de-flandres, à espera dos latões de leite, terminaram por serem extraídas do solo, com sua "lenda" – termo uma vez empregado pelo próprio Ringelbum, segundo Rachel Auerbach – de folhas de papel esparsas.

    Hoje aqui estou eu, no Instituto Histórico Judaico de Varsóvia que a expõe ao público, diante de uma dessas grandes latas de alumínio. Trivial e misteriosa. Um objeto entre uma urna funerária e um recipiente de onde toda uma vida sairia para gritar sua história de morte. Um objeto tanto de ferrugem quanto um objeto de leite. Fotografo a superfície do metal: ela está completamente oxidada. Parece a parede de um porão ou de uma caverna pré-histórica. Ou a casca de uma árvore queimada. Ou então o fundo do oceano. Ou ainda a vista aérea de uma cidade há muito tempo riscada do mapa.

Esparsas: partículas de celulose que um maço de papeis apodrecidos deixa desaparecer, mesmo quando ainda estão grudados uns aos outros.

Quando em 18 de setembro de 1946 Hersh Wasser conseguiu extrair as primeiras dez caixas retangulares do subsolo da rua rue Nowolipki, rapidamente o sentimento de euforia, do tesouro encontrado, deu lugar a uma inquietação atroz: "Era possível ouvir um barulho de água nas caixas, que aliás estavam cobertas de uma espessa camada de mofo verde. Seria ainda possível ler alguma coisa? Especialistas das bibliotecas e museus poloneses se encarregaram de mostrar à equipe do Instituto como abrir o material e secar o papel".[1]

Michał Borwicz (o "Michel Borwicz" da coletânea em francês sobre o levante do gueto de Varsóvia que li em minha adolescência), estava presente durante essa primeira descoberta das dez caixas de lata. Foi então que ele constatou, com pesar, que Izrael Lichtensztajn não pensou – ou, mais precisamente, na situação de urgência mortal em que se encontrava, não havia tido tempo – em selar hermeticamente as caixas. Em 1947, ele escreve: "Os organizadores [do enterro dos arquivos] não conseguiram soldar os recipientes antes de enterrá-los. A terra fiel defendeu as coleções contra a fúria alemã, mas, ao longo de quatro anos de letargia subterrânea, a água se infiltrou pelas caixas, saturando os materiais que ali estavam encerrados. Fungos perigosos se desenvolveram. Maços de preciosos documentos aumentaram em volume, por causa da umidade e do inchaço. Além disso, eles estavam muito apertados e aderiam muito às paredes metálicas. Assim, à primeira vista parecia que a caixa estava preenchida por uma massa elástica. Foi necessário cortar o metal para retirá-la sem danificá-la".[2]

Uma grande alegria se misturava a uma grande frustração. Dez caixas do "tesouro de sofrimentos" foram encontradas, mas Ringelblum não havia, em algum lugar, falado de "mais de vinte caixas"?[3] Foram salvas 25.540 páginas de arquivos, mas elas não estavam já apodrecidas, grudadas umas às outras, cobertas de mofo, apagadas em tantos lugares pela água que as encharcava? Foi então necessário partir para o meticuloso trabalho de secar os documentos um por um, trabalho infinitamente lento e paradoxal, sobretudo se o compararmos à urgência absoluta que cada folha carregava

---

1. Ibid., p. 17.
2. Citado em ibid., p. 315.
3. Citado em ibid., p. 317.

consigo. Hoje é possível ver, na exposição permanente do Instituto histórico judaico de Varsóvia, um filme da época que mostra como foi delicado retirar esse monte de papéis apodrecidos, essas massas compactas, das paredes metálicas das caixas retangulares.

No instituto, minha principal guia nesse primeiro encontro com os arquivos do *Oyneg Shabes* é Anna (Ania) Duńczyk-Szulc. Por uma porta quase escondida, ela me leva até um corredor estreito, pintado de branco, ocupado por prateleiras de arquivos escritos à mão, coleções de livros de referência, um velho catálogo metálico repleto de fichas bibliográficas classificadas em seções tais como *Filozofia, Psychologia, Religia...* Em um canto, sobre a caixa vermelha dos extintores de incêndio, a única fotografia, provavelmente datada da guerra, de uma mãe que segura um bebê nos braços. Ania me conta que se trata de Gela Sekztajn e sua filhinha, ambas mortas durante o levante do gueto em abril de 1943. O bebê olha para algum ponto fora do enquadramento. O que ele está olhando? Como o meu próprio filho, digo a mim mesmo, olhará algum dia, lerá e vivenciará toda essa história à qual ele mesmo deve algo de sua própria vida? A vida está por um fio, costumam dizer. Esse fio, antes de mais nada, é o fio dos filhos e filhas, a linha genealógica. Eis, talvez, a questão fundamental que nos liga mesmo hoje a esse arquivo histórico (agora uma questão evidentemente menos perigosa de se enfrentar): como nós mesmos, herdeiros dessa história, seremos capazes, nós também, de transmitir a nossos filhos a força de não ter medo de imaginar, de saber, de nos emocionarmos diante dela, enfim, de *responder no presente* – eticamente, politicamente – ao fogo de uma tal história?

Ania me abre uma porta e nós entramos num pequeno cômodo de teto baixo, iluminado por uma fria luz de neon. Não há nada além de alguns grandes cofres cinza, uma mesa modesta e três ou quatro cadeiras. Nada mais, além de algumas caixas guardadas num canto, um sistema de ventilação e, na parede, um retrato fotográfico de Emanuel Ringelblum numa moldura de madeira escura. É a sala do arquivo. Agnieszka Reszka é a guardiã, com seu molho de chaves e grandes óculos de armação preta e, por trás de tudo isso, como logo pude perceber, um considerável conhecimento e um sentido aguçado de sua responsabilidade histórica enquanto arquivista ou "guardiã do tesouro". Ela me recebe, apesar disso, com uma grande hospitalidade, uma abertura de espírito e uma generosidade notáveis. Ela já sabe o que eu vim ver. Ela me permite tirar fotos. Rafał Lewandowski nos acompanha, observa intensamente, em silêncio, e tira fotos com o celular.

Sobre um móvel que eu não havia visto antes, encontra-se uma das famosas caixas de lata – ela própria acomodada numa proteção feita daquele papelão especial utilizado pelas reservas dos museus e bibliotecas do mundo inteiro – da primeira descoberta dos arquivos do *Oyneg Shabes* em 1946. Eu a fotografo. Apesar de seca e "saudável" agora, ela ainda carrega as marcas da ferrugem e do mofo de outrora. Surrada e modesta. Ela é a própria pobreza. No entanto ela esconde, em seu interior, algo de uma ironia e de uma revolta discretas ou talvez inconscientes: Izrael Lichtensztajn e seus dois jovens amigos colocaram seus documentos judaicos sobre uma cama de proteção formada por jornais alemães, com seus encartes publicitários ainda visíveis hoje em dia, e cujas folhas amareladas ainda estão grudadas no fundo da caixa metálica.

Esparsas: cartas lançadas de vagões de trem pelos Judeus enviados a Treblinka vindos do gueto de Varsóvia. Esparsas letras formando suas palavras e suas frases quando os papéis dessas cartas foram afogados sob a terra. Esparsas letras por meio das quais, dizem, Deus teria composto o mundo ao reuni-las numa ordem sublime.

Extraídos de suas caixas inundadas, os documentos do arquivo Ringelblum, como disse Michał Borwicz, encharcados, aderentes entre si, consequentemente, corriam o risco de terem perdido a forma e a legibilidade. Eles eram como os corpos de pessoas afogadas retirados do oceano. O que ler, nessas condições? Como ler? Fotografo alguns desses documentos. Fico impressionado com a sua aparência de farrapos, restos, lacunas. Eles parecem ser para a linguagem – frases interrompidas, rasgadas, impossíveis de compreender o que elas queriam dizer – o que os farrapos eram, nos corpos das crianças, à guisa de roupas, nas ruas pobres do gueto. Uma das minhas fotos "não fica boa", é impublicável aqui. Mas, ao olhá-la melhor, percebo que isso aconteceu por uma razão inerente tanto ao próprio documento quanto ao meio técnico – ao aparelho que utilizo. Foi preciso que uma foto "não ficasse boa" para que eu compreendesse um pouco melhor o que eu tinha, então, diante de meus olhos.

Como as pessoas que me recebem não podem imaginar a ligação, durante minha visita, entre, de um lado, meu olhar "histórico" ou "filológico" sobre os documentos e, de outro, minha prática de fotografia furtiva, modesta e "amadora", me vejo obrigado – e eu gosto disso – a "roubar as imagens", casualmente. Preciso ser sempre muito rápido e muito discreto, com o pequeno aparelho, a ponto de esquecer meu gesto de captura fotográfica "roubada". Frequentemente, é uma questão de segundos: apenas vislumbres, na maioria das vezes. Por isso, configurei meu aparelho numa função chamada, e cujo nome me faz sorrir, "automático inteligente": o que me indica que é o próprio aparelho que, às vezes muito bem e às vezes muito mal, independentemente de mim, decide por conta própria o foco e a brilho no momento do disparo.

O que aconteceu foi que, diante de uma folha com a escrita quase completamente apagada pela umidade, a máquina "inteligente" não soube o que fazer. Ela não soube ver, não conseguiu decidir, não soube focar: a coisa a ser vista *já estava borrada*. Uma lição interessante que me desperta a vontade de a extrapolar, numa alegoria sobre o próprio saber histórico: há, de fato, coisas, seres ou acontecimentos para os quais de nada adianta querer "focar", em todos os sentidos que tal expressão possa tomar, ótica ou epistemologicamente. E por quê? Porque ali se misturou um real, complicando singularmente a realidade do próprio documento e, consequentemente, sua condição de leitura.

Ou também porque uma emoção, tal como uma onda, insinuada ou quebrada, passou por tudo isso. Diante desses escritos em iídiche, hebraico ou polonês, conservados no Instituto histórico judaico de Varsóvia, diante dessas folhas de papel imergidas pela água do subsolo, não consigo deixar de pensar no rabino Menahem Mendel de Kotzk, que apagava seus escritos nas águas da amargura de seu próprio desespero. É um pouco como se os documentos do *Oyneg Shabes* tivessem sido submersos duas vezes: uma vez nas águas hostis do solo de Varsóvia, uma outra vez na água comovida das lágrimas de que prestam testemunho. Porque, embora visíveis, esses documentos devem suas mensagens – seu sentido, seu endereçamento – unicamente a uma ética da escrita que não ignora sua fragilidade intrínseca diante dos gritos de dor que ela busca transmitir, refrasear. No fim, foi exatamente isto o que Gustawa Jarecka disse (por escrito, claro): "Temos um nó na garganta. Se a pressão diminui um instante, nós gritamos. Não subestimemos sua importância. Muitas vezes na história ressoaram gritos desse tipo; por muito tempo eles ressoaram em vão, e somente muito mais tarde eles produziram um eco. Documentos e gritos de dor, objetividade e paixão não se arranjam bem. [...] O desejo de escrever é tão forte quanto a repugnância pelas palavras. Odiamos as palavras porque elas muito frequentemente serviram para mascarar o vazio ou a pequenez. Nós as desprezamos porque elas empalidecem em comparação com a emoção que nos atormenta. E, no entanto, a palavra foi outrora sinônimo de dignidade humana e o bem mais precioso do homem".[1]

Dentre os membros importantes do *Oyneg Shabes* havia também um outro Menahem Mendel: não "de Kotzk", mas de nome Kohn. Uma frase tirada de sua crônica do gueto está inscrita em uma grande parede do es-

---

1. Citado em ibid., p. 23.

paço de exposição no Instituto histórico judaico de Varsóvia: ela fala de algo que foi "além da imaginação, da descrição...". Uma frase legítima e compreensível, sobretudo no contexto em que foi escrita. Mas Menahem Mendel Kohn, ao contrário do rabino de Kotzk – e ao contrário dos proponentes contemporâneos de um "imaginável" pensado como absoluto –, tirava dessa lacuna fundamental uma conclusão radicalmente diferente do que se esperaria, espontaneamente, de uma tal afirmação. Como aquilo que sofremos, em cada uma e em toda ocorrência, se situa além da imaginação e da descrição, suscitemos então uma multidão de imagens e, para isso, escrevamos, descrevamos muito: "A meu ver, todos, competentes ou não, têm o dever sagrado de escrever tudo o que viram ou ouviram dizer que os alemães fizeram. [...] Tudo deve ser registrado, sem deixar de lado um único fato. E quando chegar a hora – e ela virá certamente –, o mundo lerá e saberá o que os assassinos fizeram. Aquilo que as pessoas em luto escreverem dessa época será seu material mais importante".[2]

Menahem Mendel Kohn teve então a sabedoria de afirmar que não se deve responder à dor e ao luto, ao sentimento do indescritível, apenas com lágrimas – porque é certo que há lágrimas – e com o absoluto de um desespero erigido em metafísica ou em teologia. A isto deve-se responder, acima de tudo, com uma *escrita da história*, o "tesouro de sofrimentos" levado ao tribunal do mundo inteiro (em um contexto totalmente outro, citando Michelet, que falava de "sombras [...] que voltam menos tristes às suas tumbas" pela graça da operação historiadora, Michel de Certeau comparava a escrita da história a um ato de piedade funerária, um ato de *deposição*[3] que deve também, penso eu, ser entendido no plano jurídico).

Dito isto, Menahem Mendel Kohn compartilhava com o rabino de Kotzk uma certa propensão à ira ou à indignação, ainda mais veementes quando

---

2. Citado em ibid., p. 229.
3. M. de Certeau, *L'Écriture de l'histoire*. Paris: Gallimard, 1975, p. 7-8.

diziam respeito a certos comportamentos observados entre os próprios Judeus do gueto. Samuel Kassow chega a falar da "decepção que lhe causavam seus irmãos judeus", principalmente quando, durante as incursões alemãs, reinavam o "salve-se quem puder", o "cada um por si" e, logo, o esquecimento – ético e político – de toda ajuda mútua, algo que ele mesmo sofreu dramaticamente em 6 de agosto de 1942.[4] Kassow lembra que Menahem Mendel Kohn "continuou a trabalhar nos arquivos até a sua morte, em abril de 1943".[5] Ou seja, ele persistiu até o fim em registrar os testemunhos, as esperanças e desesperos, as forças e as fraquezas de seus irmãos judeus perseguidos.

O primeiro volume dos arquivos Ringelblum, publicado em 1997 sob a direção científica de Tadeusz Epsztein e o estabelecimento filológico do texto de Ruta Sakowska, intitula-se *Cartas sobre a aniquilação dos judeus da Polônia*[6]. Trata-se de uma coletânea de cartas, bilhetes e cartões postais daqueles que, pouco antes de se afogarem, escreveram – lançaram ao mar – a outros que, por sua vez, não se sabe se já se afogaram ou não. Esses chamados surgem, como um todo ou separadamente, como os últimos fragmentos de uma enorme história, de uma louca conjunção de vidas em colapso. "Dizem que, a cada dia, 10[000] vão embora [do gueto de Varsóvia]. Por aqui, as coisas também não vão bem. Nós vivemos como bolhas de ar na água", escreve, do gueto de Patch, Bronka Górna a seu marido, em 9 de abril de 1942.[7]

---

4. S. D. Kassow, *Qui écrira notre histoire ?*, op. cit., p. 230.
5. Ibid., p. 231.
6. *Archives Ringelblum. Archives clandestines du ghetto de Varsovie, I. Lettres sur l'anéantissement des Juifs de Pologne*, op. cit. (a edição de referência é *Archiwum Ringelbluma. Konspiracyjne Archiwum Getta . Warszawy, I. Listy o Zagładzie*, org. R. Sakowska. Varsóvia: Zydowski Instytut Historyczny im. Emanuela Ringelbluma, 1997 [reed. 2017]).
7. Ibid., p. 182.

Ao ler esses documentos, somos confrontados com todas as etapas e com todas as provações expressas – na maioria das vezes apressadamente – por um povo inteiro esmagado numa imensa máquina de morte. Certamente, isso que lemos é apenas o que resta, o que é muito pouco comparado ao tamanho do processo de extermínio tomado em sua totalidade. Enfim, lemos como se com a ajuda de uma lupa, microscopicamente, na própria intimidade de cada situação que terá deixado algum resíduo. Sentimos ali as emoções de cada pessoa, cada uma delas dispersa *em relação às* outras, embora também mergulhadas em sua história comum. Lemos, antes de mais nada, o desânimo, mesmo em formulações que se queriam encorajadoras: "Mamãe querida, não se preocupe com isso, não há o que se fazer".[8] Um pequeno conjunto de treze cartas escritas em janeiro e fevereiro de 1942 do gueto de Krośniewice por Róża Kapłan a seu irmão e a sua cunhada mostra sua luta contra a angústia e até mesmo a loucura: "O moral não está muito bom, tive dificuldade para decidir se escrevia para você. Vai passar. [...] Você nos escreveu dizendo para estarmos prontos para ir embora. Agora estou nervosa, então não ligue para o que eu escrevo. [...] É um verdadeiro milagre que eu ainda não tenha enlouquecido. [...] Perdão, não consigo. Perdão. Que nós possamos nos rever um dia. Um beijo."[9]

Cada um desses documentos presta, modesta ou ruidosamente, uma queixa. Muitos tomam a dimensão – popular, nunca enfadonha – dessa *kinah* cujo valor existencial fundamental Gershom Scholem buscou destacar ("ser significa ser fonte de lamentação"): "Que pudéssemos jamais ter nascido", escreve, em 20 de janeiro de 1942, a mesma Róża Kapłan.[10] "A morte paira diante de nossos olhos", lemos em outro lugar.[11] "A vida é

---

8. Ibid., p. 47.
9. Ibid., p. 69-70 e 85-86.
10. Ibid., p. 71.
11. Ibid., p. 115.

uma sequência de medos, você não pode imaginar [...]. Não sei o que vai acontecer conosco, o que fazer, eu preferiria ter morrido [...].

Querida Frania! Escrevo num momento tal que minhas mãos tremem e meus olhos nada veem, porque deles escorrem não lágrimas, mas sangue [...] e eu não estou em estado de contar-lhe o que vai acontecer agora [pois] tudo o que aconteceu até então foi uma piada [...]. Na minha cabeça há o mesmo caos que nesta carta. Até mais, um beijo..."[12]

Encontramos também, nas cartas reunidas pelo *Oyneg Shabes*, essas loucas esperanças que a fé ainda busca fornecer. Assim, as emoções que explodem estão contraditoriamente amarradas: são esperanças entrelaçadas por desmoronamentos. "Não se deve perder a esperança porque o mal, assim como o bem, tem um fim e, portanto, após tempos tão difíceis, o bom tempo necessariamente voltará [...] porque temos o futuro e o mundo diante de nós", escreve, em 7 de janeiro de 1942, Fela Rybska a seu sobrinho Eszer Taube.[13] Szymon Josef Taube, seu irmão, escreve do campo de trabalhos forçados Lautawerk Süd em 10 de outubro do mesmo ano: "Estamos agora à noite no final do *shabes* [*sábado*]. Estou aqui sentado rabiscando algo que nem sei o que é. Quando recebi sua carta, chorei de alegria e, quando a li, chorei de tristeza".[14] Receber um sinal do outro o fez chorar de alegria, mas compreendê-lo o fez chorar de tristeza.

Tudo se mistura, alegria e desespero, lágrimas de felicidade e lágrimas de dor: "Imagine nosso desespero, estamos muito felizes que pelo menos você nos escreveu, nós choramos de alegria com isso".[15] Frequentemente restava apenas o bom Deus, embora ele evidentemente estivesse ausente: "O que fazer? Talvez aconteça algum *ness* [milagre]. [...] Pense em nós, tudo ficará bem, que Deus permita que nos vejamos novamente [...]. De

---
12. Ibid., p. 118, 136 e 168.
13. Ibid., p. 216-217.
14. Ibid., p. 223.
15. Ibid., p. 139.

minha parte, não tenho nada de especial a escrever, apenas que o b[om] Deus nos envie logo ajuda".[16] Há, enfim, mensagens simplíssimas, chamados a enfrentar humanamente o impossível:

"Faça tudo o que puder – aguente firme", lemos frequentemente, como nessa carta escrita em 1º de junho de 1942 destinada ao kibutz clandestino do Hehalutz-Dror, no gueto de Varsóvia.[17] Um amigo de Itskhok Giterman lhe escreve, do gueto de Wilno em abril de 1942, que "aquele dentre nós que faz algo e tem a ilusão de realizar algo de bom fica feliz e agradece Àquele que reina lá em cima [...]. Isso lhe dá a impressão de que a alma está se aprumando um pouco."[18]

Esta formulação é dúbia, incerta: a alma "se apruma" talvez, pelo menos é a impressão que se tem. Mas um levante ético como este não deveria ser pensado, no inferno geral em que ele surge, como algo de ainda mais vão e mais frágil que uma impressão subjetiva, a saber, uma "ilusão"? O próprio fato de Emanuel Ringelblum e seus companheiros terem reunido tantos desses minúsculos testemunhos nos mostra que não é o caso. A debilidade ou a ineficácia de todos os gestos pelos quais "a alma está se aprumando um pouco" nada subtraem da potência desses gestos dos quais, lendo agora alguns testemunhos, só podemos admirar ainda hoje a força da obstinação.

---

16. Ibid., p. 81, 187 e 202.
17. Ibid., p. 171.
18. Ibid., p. 129.

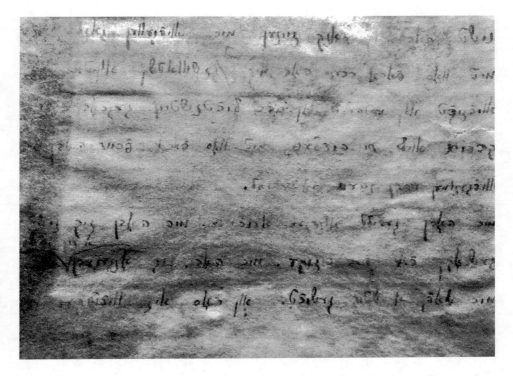

Esparsas: razões para escrever uma palavra de adeus, ou frases derradeiras que não saberemos se serão preservadas da destruição física, se serão recebidas, conservadas, lidas e compreendidas por outros num futuro que a história presente torna mais que improvável.

"A morte tem muitos nomes", escreve sobriamente Paweł Śpiewak, o atual diretor do Instituto histórico judaico de Varsóvia, numa coletânea de estudos sobre os arquivos Ringelblum intitulada *Letters to Oneg Shabbat*.[1] Esta é uma maneira de lembrar que, no caso do gueto de Varsóvia, o

---

1. P. Śpiewak, « Death Has Many Names », trad. D. Gajewska, *Letters to Oneg Shabbat*. Varsóvia: Emanuel Ringelblum Jewish Historical Institute, 2017, p. 119-132.

historiador compartilhava com seu "objeto de estudo" a mesma condição existencial: a de pouco tempo depois ser chamado para morrer sob o efeito de uma decisão alemã tão radical e geral que ela foi por um longo período incompreendida por muitos, de tão "inimaginável".

Em resumo, foi como se os moribundos – aqueles que Ringelblum chama por vezes de *morituri*, em latim, em seu diário do gueto[2] – tivessem, sem parar, enviado cartas uns aos outros, sem que isso nada mudasse em seus destinos. Mas para que isso mude alguma coisa: de um lado em nosso próprio sentimento de dignidade humana, e de outro em nossa própria responsabilidade ética, quer dizer, nossa capacidade hoje de responder *a* isso e *por* isso, em nosso próprio contexto histórico, político e moral. Paweł Śpiewak conta, em seu texto, como seu próprio sogro, sobrevivente de Treblinka, escrevia uma carta a suas filhas, que haviam morrido nas câmaras de gás, a cada aniversário de sua morte.[3]

O que é uma carta de adeus? É um rastro de vida – de amor, frequentemente – e de morte ao mesmo tempo. Eis-me aqui, na companhia de Anna Duńczyk-Szulc, diante dessa pequena folha de papel das primeiras caixas de arquivos, que eu tento fotografar. "Afogada", ela sobreviveu mesmo assim. Trata-se uma folha inserida por David Graber – o jovem que ajudou Izrael Lichtensztajn a esconder os arquivos do *Oyneg Shabes* – no último minuto, em 3 de agosto de 1942, com os maços de documentos a serem escondidos nos porões da escola clandestina da rua Nowolipki. Ela é praticamente ilegível e traz, à esquerda, uma grande mancha – tinta desbotada? – azul. Mas ela ainda revela, embora de forma incompleta, uma escrita aplicada, diligente: uma escrita de aluno, que parece desprovida de qualquer nervosismo.

---

2. E. Ringelblum, *Journal du ghetto de Varsovie*, op. cit., p. 381.
3. P. Śpiewak, « Death Has Many Names », art. cit., p. 129.

PAPÉIS DE ADEUS

Trata-se do testemunho pessoal de um rapaz de dezenove anos e, ao mesmo tempo, o documento de um trabalho coletivo que se prolongará, metodicamente, até o último instante. Uma primeira carta se dirigia – apelava – ao mundo futuro: "Aquilo que não fomos capazes de gritar e urrar ao mundo histórico nós cravamos na terra. [...] Gostaria muito de ver o momento em que esse grande tesouro será exumado e clamará a verdade ao mundo. Que o mundo possa saber de tudo. [...] Agora podemos morrer em paz. Nós cumprimos nossa missão. Que a história possa testemunhá-lo por nós."[4] Um post-scriptum foi adicionado no último minuto por David Graber: "A rua ao lado sitiada. Estamos todos febris. Tensos, nos preparamos para o pior. Temos pressa. Provavelmente faremos em breve nosso último enterramento. Camarada Lichtensztajn nervoso. Grzywacz um pouco assustado. Eu mesmo indiferente. Em meu subconsciente, o sentimento de que vou sair de toda essa tribulação. Bom dia. Nós temos apenas que conseguir dar um jeito de enterrar [as caixas]. Sim, mesmo hoje, nós não esquecemos disso. Ao trabalho, até o último momento. Segunda-feira 3 de agosto, 16 horas."[5]

"Camarada Lichtensztajn nervoso"... O adjetivo testemunha, mesmo que debilmente, a atroz solenidade do momento. Lichtensztajn exprimiu, em seu próprio testemunho, o desejo de que se lembrem de seu nome, ele que havia feito tanto para alertar o mundo sobre o destino do povo judeu de Varsóvia. É perturbador ler, nesse mesmo documento, que a intenção desse homem era sobretudo um apelo à memória de sua esposa Gela Sekztajn (ou Gele Sekstein) e sua filhinha Margalit, cuja fotografia me surpreendeu nos corredores do arquivo: "Meu desejo é que minha esposa, Gele Sekstein, seja lembrada. Ela trabalhou ao longo dos anos de guerra com as crianças, como educadora e professora, preparou cenários e

---

4. Citado por S. D. Kassow, *Qui écrira notre histoire?*, op. cit., p. 18.
5. Citado em ibid., p. 19.

figurinos para as peças de teatro das crianças. [...] Nós dois nos preparamos para receber a morte. Meu desejo é que minha filhinha seja lembrada. Margalit tem vinte meses hoje. Ela tem um domínio completo do iídiche, que ela fala com perfeição. Aos nove meses ela começou a falar iídiche claramente. Ela tem a inteligência de crianças de três ou quatro anos. [...] Não choro pela minha vida nem pela de minha esposa. Só tenho pena dessa menininha adorável e talentosa. Ela também merece ser lembrada."[6]

O outro rapaz que ajuda Lichtensztajn a enterrar os documentos escreveu, por sua vez: "Vou correr para os meus pais, ver se está tudo bem com eles. Não sei o que vai ser de mim. *Lembrem-se, eu me chamo Nahum Grzywacz*".[7] É um terrível paradoxo quando o coletor de testemunhos, tendo tanto trabalhado para que seus semelhantes não fossem esquecidos, de repente sente a angústia de ser ele mesmo apagado da história. E, de fato, a característica comum desses milhares de documentos esparsos transparece no fato de que eles são todos – todos e cada um separadamente, cada um à sua maneira, um a um – testamentos: cartas de adeus, todos eles *derradeiros papéis*. Os recenseadores do *Oyneg Shabes* empregaram uma energia absurda para recolher, aqui e ali, esses últimos testemunhos do fim:"O círculo se fecha cada vez mais" (de Masza Altman, 5 de maio de 1942)... "Não sabemos que viagem mais" (de Hela Waksztok, maio de 1942)... "Estamos fazendo nossos últimos preparativos, porque é provavelmente amanhã que nós vamos embora [...]. Não há nada que possamos fazer a esse respeito. [...] Hoje é a última noite"[8] (de uma Sala, não identificada, no gueto de Płońsk, 13 de dezembro de 1942)...

Nos documentos coletados nas proximidades do campo de Chełmno: "Faça o que for preciso, porque o tempo está se esgotando, já estão levando

---

6. Citado em ibid., p. 19.
7. Citado em ibid., p. 20 (a passagem em itálico está sublinhada no original).
8. *Archives Ringelblum. Archives clandestines du ghetto de Varsovie, I. Lettres sur l'anéantissement des Juifs de Pologne*, op. cit., p. 158, 185 e 258-259.

embora as pessoas de Kłodawa" (janeiro de 1941)... "Sabemos que nossos dias estão contados [...]. Peço perdão a todos" (fevereiro de 1942)... "Saiba que nós iremos nos dizer adeus"[9] (março de 1942)... Lemos também, entre muitos outros, um pequeno conjunto de seis cartas jogadas de um comboio destinado a Auschwitz por Judeus de Płońsk, em 16 e 17 de dezembro de 1942: "É de manhã. Estamos num vagão com a família inteira. Partimos com a última leva. [...] Na parada em Praga, escrevo-lhe algumas palavras. Não sabemos para onde vamos. Fique bem. [...] Tenha esperança. Não lhe envio meu novo endereço porque não sei ainda. Adeus, um beijo. [...] Nós vamos, ao que parece, para Tarnowskie Góry ou Auschwitz. [...] Eu me sinto muito sozinho."[10]

---

9. Ibid., p. 58, 87 e 151.
10. Ibid., p. 263 e 266-268.

Esparsas: tentativas de alerta para o perigo que circula. Esparsas, fatalmente, pois é difícil transitar entre as mentiras dos perseguidores e a credulidade dos perseguidos.

A maior parte do volume dos arquivos do *Oyneg Shabes* dedicado às *Lettres sur l'anéantissement des Juifs de Pologne* é composta de mensagens comoventes, apelos implorantes. O que incessantemente se pedia ali geralmente não era, no entanto, apenas uma simples "notícia" do destinatário. "Mande notícias suas", nesse caso, significava: "Fale comigo, me diga que não estou completamente sozinho, que você ainda está vivo". Todos, nessa situação, suplicavam pelo outro. Implorava-se uma resposta, não esquecer; continuar vivendo, simplesmente. Para que a ideia de uma comunidade humana possa sobreviver à desolação, à solidão que cada nova provação produzia. Esta é a fórmula que mais se repete nessas cartas: "Por favor, responda-me depressa"... Fórmula na qual sujeitos esparsos, solitários no medo e na infelicidade, querem a qualquer preço saber se um de seus semelhantes ainda está ali para ouvir sua voz, para imaginar uma ajuda mútua possível, para *compartilhar essa infelicidade*. "Responda-me" diz respeito ainda apenas à intersubjetividade. "Responda-me depressa" sugere que a resposta é esperada como a própria urgência: uma questão vital de tempo, ou seja, uma questão de vida ou de morte.

No esparso dessas inúmeras situações singulares, basta escutar as vozes, ler as cartas, recopiar – o que eu faço na própria ordem pela qual as percorro – algumas das fórmulas empregadas nesses documentos de apelo que são, ao mesmo tempo, documentos de alerta: "Desejo que você tenha o que comer [...], que você possa ficar bem" (21 de janeiro de 1942)... "Por favor, responda depressa, isso seria muito reconfortante para nós, porque não recebemos uma única palavra de ninguém" (13 de fevereiro de 1942)... "Toda carta eu penso que será a última" (21 de janeiro de 1942)... "Gucia, não esqueça a sua promessa. Eu espero, espero e continuo esperando. [...] Gucia, não esqueça. Cada dia a mais é demais." (22 de fevereiro de 1942)... "Você não pode nem imaginar a que ponto uma única palavra vinda de você conta para nós" (3 de março de 1942)... "Querido Szlamek! Recebi sua carta que me fez chorar, eu também, por nosso destino. [...] Escreva-me também se o resto da nossa família está vivo." (11 de fevereiro de 1942)... "Não estou pedindo ajuda, mas apenas que você me diga como você vai" (11 de agosto de 1942)... "Já lhe escrevi e telefonei centenas de vezes e nada, nenhuma resposta [...]. Nós imploramos algumas palavras" (12 de agosto de 1942)... "O que aconteceu contigo? Por que você não nos escreve? Por favor, escreva-nos imediatamente, porque estamos todos terrivelmente preocupados. Você está em casa? Para onde vocês devem 'se mudar'? Todos ou apenas alguns? Escreva-nos imediatamente! [...] Nem que sejam duas palavras." (26 de julho-21 de agosto de 1942)... "Você tem notícias de meus pais? Onde mora atualmente meu tio Huberman?"[1] (28 de outubro de 1942)...

O "Szlamek" referido na carta de 11 de fevereiro de 1942 é um personagem crucial. Membro de um *Sonderkommando* no centro de extermínio de Chełmno, ele foi um dos raríssimos a conseguir fugir e a produzir, para a equipe do *Oyneg Shabes*, um relato bastante detalhado das operações de execução por gás em caminhões especiais. Agnieszka Reszka, na pequena sala dos arquivos Ringelblum, desdobra diante de meus olhos uma pequena folha de papel branco na qual se encontra uma pequena fotografia de Szlamek dada a Hersh Wasser, com uma dedicatória. No fim de janeiro ou em fevereiro de 1942, Wasser interrogou metodicamente o fugitivo, de modo que o *Oyneg Shabes* pudesse transmitir seu relato a certos dirigentes do gueto, aos militantes do Bund, aos sionistas, ao Joint Distribution Committee e aos movimentos juvenis politizados. Furiosamente procurado pela Gestapo, Szlamek foi exfiltrado do gueto de Varsóvia, mas, em abril, foi detido e levado para as câmaras de gás do campo de Bełżec.[2]

Os arquivistas-ativistas do *Oyneg Shabes* também coletaram um cartão postal, datado de 4 de setembro de 1942, no qual o olho treinado pode reconhecer um mapa traçado às pressas do centro de extermínio de Treblinka.[3] De maneira geral, as cartas de *apelo* que os Judeus trocavam dos diferentes guetos da Polônia eram frequentemente *avisos*, injunções a reagir ou a fugir, além de seus estados de *lágrimas* ou de lamentações. O apelo às armas viria, por sua vez, um pouco mais tarde: em 1943. Como se

---

1. Ibid., p. 47, 59, 72, 90, 92, 100, 132-133 e 193-195.
2. S. D. Kassow, *Qui écrira notre histoire?*, op. cit., p. 411-417.
3. *Archives Ringelblum. Archives clandestines du ghetto de Varsovie, I. Lettres sur l'anéantissement des Juifs de Pologne*, op. cit., p. 93 (o cartão postal é reproduzido na edição *Archiwum Ringelbluma. Konspiracyjne Archiwum Getta Warszawy, I. Listy o Zagładzie*, op. cit., p. 206).

fosse necessário muito tempo para compreender o conteúdo exato da situação, *saber* alguma coisa num mundo ofuscado, por um lado, pela censura e as mentiras dos nazistas e, por outro, pelos rumores e as crenças que circulavam entre a população judia. "Tudo o que nós pudermos saber não nos ajudará, não há nada a ser feito. [...] O importante é que tudo acabe bem", escrevia em 3 de março de 1942 uma moça a seu pai.[4] "O pior é que há diferentes versões que circulam", confessa Bronka Górna, na mesma época, do gueto de Pacht.[5]

Muitos, no entanto, trocaram alertas e pedidos de informações precisas sobre a situação no cotidiano. "Essa semana, alguns sobreviventes que escaparam de lá [Chełmno] nos contaram que matam todo mundo – tomara que vocês sejam poupados –, asfixiados e enterrados em massa, [e] saibam que isso que até então era segredo, [mas] é algo que deve ser conhecido em todos os lugares. Você deve dar o alerta, não ficar sem fazer nada, refletir sobre os meios e expedientes para salvar os últimos sobreviventes", escrevia em janeiro de 1942 o rabino Jakub Szulman do gueto de Grabów.[6] E ainda, aqui e ali: "Não pense que estou contando histórias" (27 de janeiro de 1942)... "Dê o alerta, não o deixe [meu parente] morrer nas sombras" (21 de fevereiro de 1942)... "Luteczk, por favor, tente saber o que isso significa" (11 de março de 1942)... "Eu lhe imploro, escreva-me com precisão tudo o que você sabe a esse respeito, e se isso tem algum fundamento verdadeiro, e de onde você sabe tudo isso"[7] (14 de junho de 1942)...

"É destruição e mais destruição", concluía simplesmente, em 28 de junho de 1942, um prisioneiro chamado Mojsze a sua família do campo de Wilkowiecko.[8] Mas como receber essa notícia? Como, diante da "destrui-

---

4. Ibid., p. 99.
5. Ibid., p. 180.
6. Ibid., p. 45-46.
7. Ibid., p. 66, 77, 103 e 218.
8. Ibid., p. 190.

ção e mais destruição", manter a cabeça, não ficar louco, suicida ou, mais confortavelmente, incrédulo? A morte em massa na história – desde a peste de Atenas descrita por Lucrécio até os genocídios modernos – é, de fato, esse "flagelo da imaginação"[9] que gera todos os processos psíquicos de *desconhecimento deliberado* (ou de "desconhecimento voluntário", como em "servidão voluntária") quando a história é tão cruel que as pessoas enlouquecem. Circulam assim todo tipo de rumores, de notícias falsas, de construções paranoicas, sofismas extravagantes, anúncios milagrosos. É como se a imaginação se encontrasse ou completamente bloqueada pela enormidade do real ou loucamente desligada dele – e de si mesma –, como para negar sua implacável lógica.

Contra esses pânicos impotentes – e contra a política dita "realista" que tentava o *Judenrat* de Varsóvia ao negociar com os nazistas e que teve por consequência os compromissos fatais, os chamados esquemas hábeis, procrastinações criminosas, cumplicidades objetivas e a participação na mentira generalizada –, a posição de Ringelblum e de seus companheiros, e que era também a dos ativistas do Bund, foi a de uma obstinada *política da verdade*. "Todos concordamos que devemos a todo custo alertar o mundo para a ação de extermínio que foi organizada contra nós. E não nos demorarmos nas objeções referentes às consequências que podem agravar nossa situação, pois não temos nada a perder", escrevia Ringelblum em seu *Diário* na data de 10 de junho de 1942.[10]

A despeito de todos aqueles que não quiseram saber – alguns por medo, outros para manter um fragmento ilusório de poder ou de privilégio –, Ringelblum compreendeu que no gueto de Varsóvia, sob o jugo do terror, *a própria verdade era clandestina*, embora ela permanecesse, a rigor, o bem

---

9. G. Didi-Huberman, *Mémorandum de la peste. Le fléau d'imaginer*. Paris: Christian Bourgois, 1983 (reed. 2006).
10. E. Ringelblum, *Journal du ghetto de Varsovie*, op. cit., p. 348.

comum por excelência. Ela passou furtivamente, numa noite de junho de 1942, pelas ondas de transmissão da BBC, o que foi um dos raros momentos de alegria e de vitória para o historiador: o sentimento de tarefa cumprida, até mesmo de ter "desferido um golpe no inimigo". "Não importa", escreve, "se a revelação do inacreditável massacre dos Judeus terá o efeito desejado – se a continuação da liquidação metódica das comunidades judaicas será interrompida. [Mas] de uma coisa nós temos certeza – nós cumprimos com nosso dever. [...] Nossa própria morte não será em vão".[11] Uma verdade ela mesma clandestina, ao mesmo tempo secreta e a ser transmitida o máximo possível: eis o que também explica a energia extraordinária dos militantes para desenvolver no gueto uma imprensa antinazista por todos os meios possíveis, da tipografia à escrita manual, passando por estênceis ou carbonos de máquinas de escrever.[12]

Estes foram, portanto, o grande desafio e o grande paradoxo do *Oyneg Shabes*: fazer circular clandestinamente – com as regras de segredo necessárias para que isso fosse possível, para despistar a censura ou para passar ao largo da Gestapo e da polícia judia – uma verdade destinada a todo o mundo, quer dizer, não apenas à comunidade judaica ameaçada, mas também ao mundo inteiro além das fronteiras. Uma das características literárias mais marcantes do *Diário* de Emanuel Ringelblum consiste em introduzir seus desenvolvimentos no cotidiano com fórmulas como "Caro Papai", "Caro vovô", "Meus caros" ou ainda "Meus caríssimos"[13]... Léon Poliakov, em sua tradução da primeira edição do *Diário* – incompleta, por conta de Jacob Sloan –, explica assim essa particularidade: "Algumas notas de Ringelblum foram redigidas sob a forma de cartas. Isso para fins

---

11. Ibid., p. 353.
12. D. Blatman, *En direct du ghetto : la presse clandestine juive dans le ghetto de Varsovie (1940-1943)* (2003), trad. N. Hansson, Paris-Jérusalem, Éditions du Cerf-Yad Vashem, 2005.
13. E. Ringelblum, *Journal du ghetto de Varsovie*, op. cit., p. 23, 25, 27, 30, 33, 39-40, 63, 148, etc.

de camuflagem, a fim de poder fingir, caso fosse descoberto, que se tratava de simples cartas particulares".[14]

Podemos, no entanto, esperar ainda mais de um historiador como Emanuel Ringelblum. Fosse o que fosse, ele conseguiu fazer circular uma verdade, apesar de tudo. Ao ler de seu próprio punho esse inventário da "situação do lugar" e do "curso do tempo" apavorantes, ao ver em ação a grande coragem que sustenta cada uma de suas observações, compreendemos então algo de novo e que, diretamente, se dirige a nós hoje em dia: com a fórmula "Meus caríssimos" que introduz suas narrativas, talvez fosse a todo leitor – próximo ou distante, presente ou futuro – de seu *Diário* que Ringelblum exprimia sua busca pela legibilidade ou, simplesmente, sua afeição e reconhecimento além de qualquer distância espacial ou temporal.

---

14. *Id., Chronique du ghetto de Varsovie* (1940-1942), trad. L. Poliakov. Paris: Robert Laffont, 1959, p. 33.

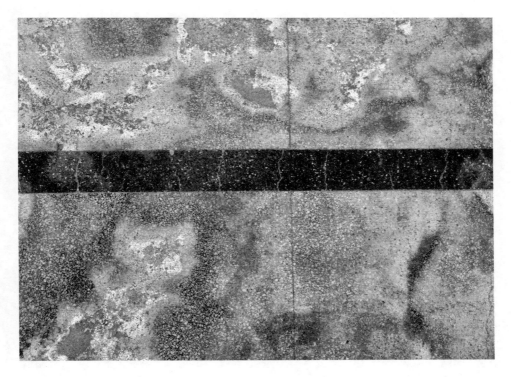

Esparsas: maneiras de sobreviver – provisoriamente – na grande armadilha que se fecha. Toda sobrevivência é composta, ao mesmo tempo, dos maiores e dos menores gestos, e é disso, no dia a dia, que se constitui o arquivo dos documentos reunidos pelo *Oyneg Shabes*.

Trata-se então de um arquivo de vozes aterradas, de fatos apavorantes, documentos enterrados. É um arquivo de coisas modestas e terrivelmente *com os pés no chão*: papeizinhos, alternadamente medíocres e avassaladores. É a literatura menor de uma minoria moribunda, ou seja, um acontecimento maior da história. Vemo-lo tecido a partir dos mais simples gestos da sobrevivência cotidiana, gestos de grandeza na miséria, gestos não épicos. E, no entanto, como escreve Zelig Kałmanowicz do gueto de Wilno em 19 de fevereiro de 1942, "nossa odisseia [é tamanha que], ao lado dela, a de Homero é uma brincadeira".[1] Exigem-se, portanto, gestos propícios – mesmo que, no final, eles não tivessem efeito – para evitar ou retardar a grande partida: "O trabalho de Papai, escapar da traslado" (21 de junho de 1942)... "O objetivo desta carta é alertá-los para o fato de que, como eu bem sei, um grupo de pessoas do campo [de Lautawerk Süd] foi enviado a Liebenau e, até hoje, não se sabe o seu destino, é por isso que vocês devem estar atentos quanto ao lugar para onde partirem"[2] (14 de junho de 1942).

Papéis decisivos, portanto, mas sem nunca deixarem de ser "papeizinhos", nos quais são ditas mil pequenas coisas esparsas a partir das quais é tecido cada acontecimento decisivo: "Meu caro irmão, me escreva o que ainda resta em nosso apartamento da rua Parysowska, se tudo ainda está lá, porque não trouxemos nada conosco e, por favor, envie-me roupas quentes, principalmente cuecas, porque estou usando todos os dias a mesma que eu tinha então", assim pede Abram Borowski a seu irmão, em 25 de outubro de 1942, do campo de Lublin.[3] Hoje, ao mergulharmos no corpus esparso dessas inúmeras situações singulares, apenas nos aproximamos, por uma leitura interposta, do conteúdo concreto e existencial de cada *história vivida*. Perguntamo-nos, também, o que poderia ter dado a Emanuel Ringelblum a certeza de que era necessário, para cada uma dentre elas, estabelecer uma *história documentada*, nominativa, datada, tão precisa quanto possível

Perguntamo-nos, então, por que Ringelblum, sobre este ponto, não seguiu o pessimismo – no entanto tão compreensível – de seu mestre em historiografia, Isaac Schiper, que, no verão de 1943, confidenciou a um de

---

1. *Archives Ringelblum. Archives clandestines du ghetto de Varsovie, I. Lettres sur l'anéantissement des Juifs de Pologne*, op. cit., p. 126.
2. Ibid., p. 190 e 220.
3. Ibid., p. 232.

seus companheiros de prisão de Majdanek: "Tudo depende de quem transmitir nosso testemunho às gerações futuras, de quem escrever a história desse período. Normalmente é o vencedor que escreve a história. O que sabemos dos povos assassinados é unicamente aquilo que seus assassinos, em sua vaidade, desejaram dizer a respeito. Se nossos assassinos forem vitoriosos, se forem *eles* a escrever a história dessa guerra, nossa destruição será apresentada como uma das mais belas páginas da história do mundo [...]. Do contrário, se formos *nós* a escrevermos a história desse período de sangue e de lágrimas – e tenho convicção de que o faremos – quem acreditará em nós? Ninguém acreditará em nós, porque nossa catástrofe é a catástrofe de todo o mundo civilizado".[4]

O extraordinário desafio lançado por Emanuel Ringelblum face a seus perseguidores – como também face ao "mundo civilizado" em geral, do qual fala Isaac Schiper – seria constituir, para o gueto de Varsóvia, uma história monumental, irrefutável e inesquecível, uma história feita, no entanto, desses milhares de pedaços de papel que escaparam, tais como grãos de poeira, de cada tragédia singular. "Os arquivos do *Oyneg Shabes*", escreve Samuel Kassow, "reuniram ao mesmo tempo textos e objetos: imprensa clandestina, documentos, desenhos, papeis de embalagem de confeitaria, bilhetes de bonde, cartas de racionamento, cartazes de teatro, convites para concertos ou conferências. Eles também fizeram cópias dos códigos bastante confusos das campainhas dos apartamentos que alojavam dezenas de locatários, e recuperaram cardápios de restaurantes que ofereciam ganso assado e vinhos finos. Encontramos ali também, no entanto, um relato conciso sobre uma mãe faminta que comeu seu filho morto."[5]

---

4. Citado por S. D. Kassow, *Qui écrira notre histoire ?*, op. cit., p. 306-307.
5. Ibid., p. 311-312.

"Reúnam o máximo possível", implorava Ringelblum – segundo o depoimento de Hersh Wasser –, "eles farão a triagem após a guerra".[6] Isso significava: transformem sua impotência do momento (sua própria destruição em curso) em potência de futuro (sua história vista pelos olhos de outrem, posteriormente). Façam de sua impossibilidade de *sobrevida* uma oportunidade de *sobrevivência*. E, para isso, "reúnam o máximo possível" porque, nesta história, nada é insignificante. Não é justamente isso o que poderíamos chamar de uma *política da memória* situada além da vida ou da morte dos próprios memorialistas? Alguns membros do Bund, no entanto, chegaram até mesmo a ironizar – inclusive após a guerra, como no caso de Marek Edelman – esse furor documental: como se a voracidade total fosse um sintoma de sua ausência de estratégia política.[7]

De fato, de que adiantava registrar, no gueto, onde jaziam os cadáveres das crianças mortas de fome, as canções de rua inventadas ali mesmo pelos famintos? Qual podia ser a urgência de escrever esses longos *memoranda* tais como "Rostos da rua" ou "Imagens do gueto"?[8] Por que, então, tentar reunir o arquivo do velho musicólogo Menahem Kipnis ou de Shmuel Lehman, que não hesitou em pagar aos bandidos do gueto para gravar seus versos?[9] Não devemos hesitar em responder: sim, escutar e registrar assim os últimos cantos do gueto foi um autêntico gesto político. Para Ringelblum, isto era tão importante quanto reunir sistematicamente as

---

6. Citado em ibid., p. 32.
7. Citado em ibid., p. 26 (nota).
8. *The Ringelblum Archive. Underground Archive of the Warsaw Ghetto, I. Warsaw Ghetto : Everyday Life*, org. e trad. coordenadas por K. Person. Varsóvia: Zydowski Instytut Historyczny im. Emanuela Ringelbluma, 2017, p. 2-105.
9. S. D. Kassow, *Qui écrira notre histoire ?*, op. cit., p. 325-327.

publicações clandestinas do Bund ou do *Zukunft*.[10] Por quê? Porque justamente sua *política da história* assim o exigia, enquanto história social e cultural. Desde a sua tese de doutorado de 1932 sobre *Os Judeus em Varsóvia, da Antiguidade a 1927* e sua atividade militante no partido operário de esquerda do Poaley Tsiyon, desde seu engajamento científico na esteira de Isaac Schiper (medievalista tal como Marc Bloch na França) e de Simon Doubnov, Ringelblum elaborou metodicamente aquilo que Walter Benjamin, sob outros céus (mas ameaçados pelas mesmas tempestades) chamaria de *história dos sem-nome*.[11]

É assim que os arquivos do *Oyneg Shabes*, por seu caráter esparso e não hierarquizado, fazem parte de uma história social aberta a todas as dimensões antropológicas do devir-se humano. Sua natureza de "migalhas", uma coleção de um pouco de tudo, de coisas "menores", deve ser entendida na perspectiva de uma *história aberta* atenta a todos os aspectos da existência, e não somente ao registro dos fatos e à sua síntese. É precisamente porque essa existência foi, no gueto, submetida a terríveis restrições que foi necessário reunir todos os detalhes "com os pés no chão" de sua história. Assim, o famoso "depoimento" de Walter Benjamin, suas teses *Sobre o conceito de história*, parece – de longe, mas numa exata contemporaneidade histórica e política – expressar filosoficamente o próprio projeto de Emanuel Ringelblum, e isso até mesmo na dialética estabelecida entre um ponto de vista materialista, marxista e uma perspectiva literalmente messiânica – referente à teologia judaica – quanto ao que está em jogo, em última análise, nessa escrita da história: "O cronista que narra profusa-

---

10. *Archiwum Ringelbluma. Konspiracyjne Archiwum Getta Warszawy, XVI. Prasa-getta warszawskiego : Bund i Cukunft*, org. A. Jarkowska-. Natkaniec e M. Rusiniak-Karwat. Varsóvia: Zydowski Instytut Historyczny im. Emanuela Ringelbluma, 2016.
11. S. D. Kassow, *Qui écrira notre histoire ?*, op. cit., p. 37-140. Sobre a história dos "sem-nome", cf. G. Didi-Huberman, *Peuples exposés, peuples figurants. L'œil de l'histoire, 4*. Paris: Les Éditions de Minuit, 2012.

mente os acontecimentos, sem distinguir grandes e pequenos, leva com isso a verdade de que nada do que alguma vez aconteceu pode ser dado por perdido para a história. Certamente, só à humanidade redimida cabe o passado em sua inteireza. Isso quer dizer: só à humanidade redimida o seu passado tornou-se citável em cada um dos seus instantes. Cada um dos instantes vividos por ela torna-se uma citation '*à l'ordre du jour*' – dia que é justamente, o do juízo Final".[12]

Quando, na primeira noite de minha visita, Anna Duńczyk-Szulc me abriu as portas do Instituto histórico judaico de Varsóvia, fiquei imediatamente estarrecido com o chão do hall de entrada. Foi então que eu o fotografei a cada passo meu. É um chão apocalíptico. Anna me explicou que, durante a restauração do edifício, decidiram manter as marcas desse pavimento: é como se ele carregasse a marca da grande sinagoga contígua, hoje inexistente. Dinamitada pelos nazistas, ela desmoronou sobre o edifício do *Aleynhilf* – onde Ringelblum tanto havia trabalhado –, gerando um incêndio cujas marcas permanecem, sob meus olhos, no próprio chão do arquivo. Pobre vestígio visível, nessa zona, do judaísmo polonês em chamas. Como a história nunca deixa de ser perversa mesmo em sua ironia, no lugar da sinagoga dinamitada hoje se ergue um edifício com um letreiro da *MetLife* e que pretende, por seu próprio nome, constituir a melhor empresa para se aderir a um seguro de vida.

---

12. W. Benjamin, "Sobre o conceito de história" (1940), trad. J. M. Gagnebin e M. Lutz Müller, in M. Lowy, *Walter Benjamin: aviso de incêndio*. São Paulo: Boitempo, 2005, p. 54.

Esparsos: trágicos caminhos do jogo e da morte quando as próprias crianças são enviadas para o extermínio.

Agnieszka Reszka, na pequena sala onde estão conservados os arquivos do *Oyneg Shabes*, desdobra diante de meus olhos outras folhas de papel branco: ali encontram-se inseridos, frágeis e borradas, papeizinhos coloridos em vermelho, rosa ou azul, com inscrições no alfabeto hebraico ou em polonês. Tento decifrá-los: *Fabryka Cukrów Wiktoria... Pomarancz-Migdały... Ormanski Irys...* São embalagens de balas, embalagens de docinhos. Penso na fotografia de Gela Sekztajn e de sua filhinha vista, alguns minutos antes, na sala ao lado. Penso novamente nas imagens de crianças descalças, insondavelmente tristes ou desconfiadas, desamparadas ou implorantes, famintas ou mendicantes, morrendo na rua ou no trabalho junto às valas comuns do cemitério, tudo isso que vemos com tanta clareza na série fotográfica realizada pelo soldado Heinrich Jöst no único dia de seu "passeio" pelas ruas do gueto.[1]

"Tragédia das crianças judias", escreve Ringelblum no *Diário* em 29 de março de 1940: epidemias, fome; "não são permitidas escolas judaicas", "numerosos casos de crianças abandonadas" que "vagueiam pelas ruas, andando em círculos, desamparadas"...[2] Aqui (em setembro de 1941), "um menininho mendicante canta com uma voz encantadora: *Eu não quero trocar meus tíquetes, eu só quero viver para ser feliz*".[3] Ali (em outubro do mesmo ano), "duas crianças mendicantes estão sentadas na rua, segurando um cartaz em que se lê *SOS*".[4] Um pouco mais tarde, em 14 de novembro de 1941, Ringelblum registraria a terrível realidade: "Os primeiros dias de frio chegaram, e as pessoas estão sofrendo com isso. Nada é mais terrível que a visão de criancinhas passando frio. Crianças descalças, com os joelhos descobertos e as roupas esfarrapadas, paradas na rua e chorando em silêncio. Hoje, dia 14 à noite, ouvi gemer de frio um pequeno de três ou quatro anos. Após algumas horas nesse estado, ele provavelmente estará congelado de manhã. Já em outubro, com a chegada da primeira neve, encontramos em diversos cantos de um certo número de casas em ruínas, nas escadas, os corpos de dezessete crianças mortas de frio. A morte das crianças pelo frio está se tornando um fenômeno em massa. [...] O povo recobre os pequenos corpos congelados com magníficos cartazes anunciando 'O Mês da criança' [...]. Assim, as pessoas tentam expressar

---

1. G. Schwarberg, *In the Ghetto of Warsaw : Heinrich Jöst's Photographs*. Göttingen: Steidl Verlag, 2001.
2. E. Ringelblum, *Journal du ghetto de Varsovie*, op. cit., p. 88
3. Ibid., p. 279.
4. Ibid., p. 284.

sua raiva diante do descuidado da Centos[5] [a federação central, oficial, das sociedades de proteção à criança e aos órfãos]..."

É significativo que Emanuel Ringelblum tenha buscado integrar em seu *Diário* um estudo específico intitulado "História da assistência social em Varsóvia durante a guerra"; no qual ele investiga também a prática dos poloneses de abrigar certas crianças do gueto contanto que elas imediatamente se convertessem ao catolicismo.[6] Em 26 de maio de 1942, ele terminaria por se perguntar, desesperado, de que serve a assistência social – a que ele tanto se dedicaria no *Aleynhilf* – se todos são, no fim das contas, convocados a perecer: "A assistência social não resolve o problema [da fome], ela permite prolongar um pouco a vida dos seres humanos. Mas estes estão destinados a perecer, não importa o que aconteça. Ela prolonga seus sofrimentos sem no entanto oferecer nenhuma solução, pois, para realizar algo significativo, ela precisaria dispor de milhões de *złotys* por mês, e que ela não tem. Resta ainda o fato de que os consumidores das cantinas morrem como moscas se eles tomarem apenas a sopa [aguada] que lhes é servida e [comerem] o pão seco [aos quais seus tíquetes lhes dão direito]".[7]

Os arquivos do *Oyneg Shabes* conservaram, entre muitas outras, uma carta típica dessas situações consternadoras. Em 27 de maio de 1942, Janina Szylska escreve, de Sosnowiec: "Permito-me escrever-lhe estas palavras porque por aqui há muitas mudanças. Monsieur e Madame Cu[kier], em cuja casa eu trabalhava, foram deportados, não sei para onde, desde o sábado eles estavam no campo de nossa cidade, hoje eles foram deportados sem dar notícias, e a criança ficou por enquanto comigo, já que Madame não quis levar a criança consigo porque eles não sabiam para que destinação e sobretudo aonde eles iriam [*sic*]. Peço-lhe então um conselho a respeito

---

5. Ibid., p. 293.
6. Ibid., p. 393-395 e 411-419.
7. Ibid., p. 341.

da criança. O que devo fazer agora, que recebi uma convocação para ir à Alemanha? Isso foi quando Monsieur e Madame ainda estavam. Agora não sei o que vai acontecer, e aqui eu não vejo como essa criança poderia receber carinho, já que a família que restou você pode imaginar como é. Escreverei mais em minha próxima carta, hoje não posso."[8]

Compreendemos claramente que o drama das crianças constituiu o próprio cristal do drama generalizado que vivia então a população judaica como um todo. Afinal, as crianças não encarnavam a vida e a sobrevivência da humanidade com tal? Compreendemos, consequentemente, que a questão das crianças também constituiu o próprio cristal da resistência oposta, por todos os meios, à máquina de extermínio nazista. De fato, em 5 de agosto de 1942, as crianças do gueto foram jogadas com os outros nos vagões com destino a Treblinka, de modo que, cinco semanas mais tarde, praticamente não havia mais crianças judias em Varsóvia. Com elas partiram também aqueles que, até então, cuidaram delas como "educadores" atentos: Janusz Korczak, Stefania Wilcznska, Nusen Koniński e tantos outros mais.

Os arquivos Ringelblum documentaram notoriamente esse aspecto crucial da vida no gueto. O segundo volume de sua edição é inteiramente dedicado a esta questão e intitula-se *As crianças e o ensino clandestino no gueto de Varsóvia*. Ele dá a palavra, primeiro, por um lado, às crianças e, por outro, aos educadores e educadoras, às enfermeiras e, em geral, a todos aqueles, adultos, que cuidaram, como puderam, desse povo de meninos e meninas em perdição. Todos testemunham uma vida constantemente esticada entre a morte que chega a todo instante e a preocupação, por exemplo, de colorir os horários das aulas ministradas nas escolas clandestinas.[9] Um

---

8. *Archives Ringelblum. Archives clandestines du ghetto de Varsovie, I. Lettres sur l'anéantissement des Juifs de Pologne*, op. cit., p. 160.
9. *Archives Ringelblum. Archives clandestines du ghetto de Varsovie, II. Les enfants et l'enseignement clandestin dans le ghetto de Varsovie*, op. cit., p. 119-247.

estudo específico – de novembro de 1941 – intitulado *Aspectos da criança judia* expõe com lucidez a primeira dificuldade decorrente da existência *esparsa* de crianças *perdidas*, cujas famílias foram expulsas, deportadas ou massacradas...[10] Como, nessas condições, ressocializar essas crianças, como devolver-lhes o gosto pela vida, protegê-las, continuar custe o que custar a *reuni-las* e *criá-las*?

Descobrimos então, e em detalhes, como funcionava esse ensino clandestino: como era necessário *aprender apesar de tudo* e estabelecer uma comunidade a partir desse próprio ensino. Como ali buscava-se dizer a *verdade* e não mascará-la. Lemos, por exemplo, num trabalho em que as crianças falam de si mesmas, frequentemente de modo bastante cru, do destino de suas famílias ("meu pai morreu e fiquei sozinha no mundo [...]. Agora estou estudando..."), mas também da situação de guerra e de suas consequências na vida cotidiana.[11] Descobrimos, no entanto, ao longo desses documentos, como uma tal pedagogia buscava, por todos os meios, que a *alegria* – uma alegria clandestina – fosse produzida apesar de tudo. Ringelblum organizou assim a coleta daquilo que podia dar testemunho de uma tal energia de vida, através de todo tipo possível de iniciativas para inventar ou improvisar: a abertura de uma "Biblioteca central" para crianças, com a ajuda de livrarias ou de colecionadores particulares cujos livros haviam escapado de serem confiscados,[12] ou ainda a organização de espetáculos com coro, danças e pequenas peças de teatro:

"Coral:

a) *É dia de festa*

b) *Na ferraria, trabalhamos*

c) *Espadrilhas*

---

10. Ibid., p. 305-330.
11. Ibid., p. 27-117.
12. Ibid., p. 258-259.

d) *No rio de prata clara*
e) *Floco de neve*

Direção: Goldberg
Ao piano: F. Blit [...]

Danças:

a *Ratinhos*
b *Kujawiak* [dança regional]
c *Krakowiak* [dança regional]
d Dança hassídica

Sob direção de Tran-Hertslikh
Espetáculo em três atos: *Todas as janelas ao sol*"[13]

Um *Caderno de iídiche* – ou seja, um manual de leitura – foi assim composto, em janeiro de 1942, sob a forma de uma escolha de textos literários reunidos por Natan Smolar e Beniamin Wirowski: ele incluía principalmente histórias de Tolstói (*O Lobo e o Cordeiro* [sic]), Bialik (*O rio agitado*), Alphonse Daudet (*A Cabra de Monsieur Seguin*) ou Peretz (*O Carroceiro*)...[14] Ele terminava com um conto de Eliezer Shindler intitulado *Por que as lebres têm os lábios fendidos*: aqui aprendemos como esses fracos animais conseguem, utilizando um estratagema, assustar seus predadores, e então riem tanto que seus lábios se fendem[15]. Digo a mim mesmo, lendo esse conto, que o pequeno embrulho de doce descoberto no arquivo testemunhou talvez o último riso de uma criança.

---

13. Ibid., p. 248 (e, em geral, p. 248-277).
14. Ibid., p. 280-281.
15. Ibid., p. 301.

Esparsas: modalidades do olhar ou da recusa de olhar, as possibilidades de ver ou de não querer ver. Esparsos conhecimentos do tempo que as imagens seriam capazes de nos trazer.

Enfim Agnieszka Reszka abre uma grande caixa de papelão cinza na qual, por sua vez, se abre um arquivo tipo fichário. Arquivo no qual estão reunidos, acompanhados de suas fichas, as cerca de sessenta impressões fotográficas sobreviventes em Varsóvia do arquivo do *Oyneg Shabes*. Eis, em princípio, o motivo pelo qual vim até aqui: para ver essas imagens, para *vir ver*. Ou para tentar vê-las, para simplesmente *tentar ver*, como diria Samuel Beckett. Na noite anterior, Anna Duńczyk-Szulc já me havia exposto suas dúvidas, seus questionamentos de historiadora e de arquivista. O conjunto dessas fotografias constituía realmente um *corpus*? Elas não seriam esparsas demais para que ali houvesse algo de coerente a ser extraído? Como compreender a disparidade material das impressões, as diferenças dos papéis e das condições técnicas (embora encontradas em 1946 no primeiro lote de caixas metálicas, essas impressões não haviam sofrido demais com a umidade)? Anna chega até mesmo a se perguntar – ao que me parece, pelo menos, porque ela fala com muita prudência – se esse conjunto de imagens, hoje reunidas numa mesma caixa, provém integralmente da atividade do *Oyneg Shabes* entre 1939 e 1943: se, portanto, algumas dentre elas não teriam sido encontradas e integradas posteriormente. Contrariamente, tudo leva a crer que algumas estão faltando, provavelmente retiradas desse conjunto a partir do fim dos anos 1940 (elas estariam em algum outro lugar, onde um dia será necessário procurá-las novamente, armado somente de alguns indícios).

Todas essas questões são legítimas, sem dúvida. Mas elas são também o sintoma de um certo uso do objeto fotográfico nos arquivos desse tipo. Sintomática, por exemplo, foi a maneira como o trabalho de apresentação do Instituto histórico judaico de Varsóvia, em 2014, separava o arquivo propriamente dito daquilo que foi chamado, como se fosse um punhado de curiosidades anexas, de "documentação".[1] Um pouco como se, longe dos *documentos* propriamente ditos, esses papeis que o rigor filológico exige conservar o mais próximo possível de sua integralidade física e da sua classificação original, a *documentação*, feita de "diferentes tipos de obras, de objetos de interesse histórico [e de], fotografias",[2] pudesse ser utilizada mais livremente, sem levar em conta sua condição material e

---

1. Z. Flisowska et M. Krasicki (dir.), *The Emanuel Ringelblum . Jewish Historical Institute*. Varsóvia: Zydowski Instytut Historyczny im. Emanuela Ringelbluma, 2014, p. 32-55 (« Archive ») e 88-91 (« Documentation »).
2. Ibid., p. 88.

intelectual de partida. Mas por que separar os "papeis-documentos" dos "papeis-fotos"? Eles não são todos papeis, em ambos os casos? Não são testemunhos essenciais para nossa história moderna, em ambos os casos? O que Agnieszka Reszka me mostra não é um repertório de época, escrito à mão, e no qual as fotografias são listadas da mesma forma que os textos mais importantes?

Por que, finalmente, na grande edição dos *Arquivos Ringelblum*, quando decidiram "publicar tudo" – muito frequentemente com os documentos escritos acompanhados de suas reproduções fotográficas[3] –, não planejaram um volume dedicado a essas fotografias? Questões de princípio que hoje devem ser dirigidas ao quadro de inteligibilidade epistêmica ou historiográfica que orienta a publicação passada, atual e futura desses tesouros trágicos. Não me compete, pessoalmente, nem identificar, nem atribuir, nem, portanto, publicar essas imagens (é por isso que, nestas linhas, não apresento nenhuma reprodução "oficial" desses documentos visuais): sem dúvida, esta é uma tarefa que cabe a Anna Duńczyk-Szulc. Juntos, por enquanto, olhamos as impressões. O selo de um ateliê de fotografia do gueto, *Foto Forbert*, aparece às vezes. As indicações no verso das imagens são escassas e frequentemente, muito provavelmente, "apócrifas".

Talvez seja preciso partir novamente do começo, com mais distância: é preciso olhar simplesmente, mais simplesmente. Antes de escrutinar cada impressão, tento considerar o conjunto: o que pressupõe, em certo sentido, ir mais rápido, "folhear". Mas isso dá uma indicação preciosa sobre o *gestus* geral, o método adotado, a montagem sugerida. Faz surgirem constelações. Procedendo dessa forma, percebo inicialmente que todas as fotografias foram tiradas do interior do gueto: eis a lógica primeira –

---

3. Cf. por exemplo *Archiwum Ringelbluma. Konspiracyjne Archiwum Getta Warszawy, I. Listy o Zagładzie*, op. cit., ou ainda *Archiwum Ringelbluma. Konspiracyjne Archiwum Getta Warszawy, III. Relacje z Kresów*, org. A. Żbikowski. Varsóvia: Żydowski Instytut Historyczny im. Emanuela Ringelbluma, 2000.

fundamental – desse conjunto de imagens, e que atestaria, se necessário, sua coerência com a abordagem histórica do *Oyneg Shabes*, que consistia em documentar o destino do gueto de Varsóvia de seu próprio interior, sendo-lhe impossível qualquer outro ponto de vista, visto que, nesse caso, o observador não gozava de nenhum privilégio situacional em relação ao observado.

Fotos esparsas, sem dúvida: parciais. Muitas outras situações poderiam ter sido documentadas. Muitas outras imagens – trezentas, diz-se – compunham o acervo original. Mas, nesse "resto" e nessa "desordem" aparente, se desenha, me parece, a rigorosa distribuição de três paradigmas historicamente e politicamente articulados. O primeiro desses paradigmas a ser documentado era, logicamente, o do *governo dos opressores*. Quase não vemos, porém, os opressores nazistas: é que eles estão, sobretudo, do outro lado. Mas eles dominam tudo, tanto em potência quanto em ato. Eles exercem seu poder de terror a partir daquilo que constitui uma das figuras recorrentes desse conjunto de imagens: o muro do gueto, frequentemente fotografado sozinho, nas ruas ora vazias, ora lotadas, como local de miséria ou de aparente "normalidade" urbana. O muro do gueto ofereceria, portanto, o emblema impessoal, mas também o dispositivo técnico primeiro, da política conduzida pelos alemães: isolamento, fome e extermínio. Um subconjunto dessa documentação visual diz respeito às portas, acessos, barreiras, enfim, todas as entradas militarmente controladas do gueto: numa dessas imagens, por exemplo, reconhecemos a organização da guarda, judia (no primeiro plano) e, do outro lado da cerca, dois soldados, um polonês e um alemão. Há também um vestígio visual da famosa ponte de madeira erguida sobre a "zona ariana", assim como algumas imagens das ruínas causadas no gueto pelos bombardeios e dinamitagens dos alemães.

O segundo paradigma corresponde ao paradoxo segundo o qual a vida isolada do gueto teria tido sua própria administração, o *Judenrat*: aqui ele surge num conjunto de fotografias no qual compreendemos algo da dura realidade que foi esse *governo dos oprimidos*, ele mesmo arrastado para uma espiral de negociações impossíveis com os "mestres", compromissos perversos, injustiças e maus tratos de todo tipo, tudo isso apesar de seu desejo de "fazer o melhor", em meio a tamanha tempestade, para a população do gueto. Na imagem que eu fotografo, com a proteção de plástico transparente e a ficha catalográfica, vê-se um grupo de mulheres às quais o *Judenrat*, enquadrado por uma polícia impressionantemente numerosa, acaba de distribuir pão: diversos gestos, captados pelo aparelho, testemunham com toda a clareza aquilo que, em teoria, nos pareceria inacessível à representação visual, a saber, a fome vivenciada por essas mulheres.

Se o muro constitui o emblema do primeiro paradigma, o uniforme da polícia judaica poderia assumir essa função em relação ao segundo paradigma. Não se trata mais de algo impessoal, uma pura opacidade, mas de um corpo social: Judeus poloneses jovens e robustos que aceitaram esse trabalho sujo como garantia de certos privilégios: privilégios aliás bastante provisórios, dado que, assim como os outros, eles também terminarão perdendo tudo e sendo assassinados. Vemo-los trabalhando em ações aparentemente mais repressivas. Eles geram os inúmeros fluxos rumo ao *Umschlagplatz*. Vemos frequentemente, num canto dessas imagens, a silhueta corpulenta de Adam Czerniaków, presidente do *Judenrat*. Ele nunca tem uma expressão particular. É como se a desordem ética e a tristeza infinita que deviam dominá-lo de alguma forma desfizessem sua presença ativa em cenas nas quais ele foi forçado, para proteger seu povo, a cometer-lhe violências.

O coração também aperta à vista das imagens que, ao que tudo indica, o *Judenrat* quis passar de si mesmo, principalmente através do canal profissional desse "ateliê Forbert" de onde imagino que o *Oyneg Shabes* tenha conseguido recuperar cópias fotográficas: são retratos de grupo bastante oficiais. Ou seja, a ridícula encenação de uma classe de oprimidos que crê ainda gozar de alguns de seus privilégios. Essas imagens "posadas" contrastam cruelmente com algumas fotografias médicas nas quais "posam", por sua vez, grupos de crianças em estado de desnutrição terminal. Imagens que contrastam também com as visões das ruas com muros repletos de cartazes funerários, que aqui assumem uma dimensão angustiante, tamanha a mortalidade do gueto na época. É como se fosse necessário, mesmo numa situação de morte generalizada, continuar a deixar entendido que uma classe social valia mais que a outra.

Aqui encontramos a dimensão de crítica social inerente ao pensamento histórico de Emanuel Ringelblum. O terceiro paradigma que estrutura o acervo fotográfico do *Oyneg Shabes* será portanto, logicamente, o do *povo ingovernável*: o povo dos sem-nome, dos naufragados. O povo do qual nenhum governo terá cuidado. O povo ao qual, consequentemente, todo governo – mesmo judaico – permanecerá hostil. Abre-se então essa zona sem contorno da "vida apesar de tudo", da vida não governada, ou seja, abandonada a si própria, ilícita ou clandestina por necessidade vital. Seu emblema visual seria talvez, por contraste com os uniformes de todo tipo, os trapos remendados com os quais se vestem as crianças de rua, e dos quais a caixa metálica aberta em 1946 conservava, pelo menos, duas imagens.

Uma série de seis fotografias documenta também a maneira como a população do gueto buscou todos os espaços disponíveis – quadras esportivas ou sótãos de prédios – para ali cultivar batatas e outros legumes. Espiadelas que testemunham desde o pequeno comércio ou o escambo de comida, carvão ou roupas gerados por essa situação até formas de tráfico então puníveis com a morte: duas fotos sucessivas, aparentemente tiradas da janela de um entrepiso, do qual uma das grades impede parcialmente a visão, no primeiro plano, oferecem uma sequência na qual um grande saco, provavelmente de comida, é introduzido no gueto a partir da "zona ariana", por cima do muro de tijolos. Nas vistas coletivas desse conjunto fotográfico, não há mais nada da fórmula enfadonha do "retrato de grupo": as pessoas como que se aproximam tête-à-tête, como se quem as olha lhes fosse familiar. Elas às vezes sorriem, sinal de que têm confiança: quem os fotografa é um deles, alguém que os compreende.

Esparsas: perspectivas morais envolvidas em cada olhar, em cada gesto técnico – de enquadramento, de foco, de luminosidade, de montagem – em que se forma a visualidade de uma imagem.

Todo o arquivo do *Oyneg Shabes* foi possibilitado e constantemente sustentado por algo como um "contrato moral". Ou, melhor dizendo: por um posicionamento ético. O próprio fundamento dessa relação era a confiança. Como quando Szlamek *depositou* – no sentido de um dom sagrado como no sentido de uma deposição jurídica – sua experiência sobre o que acontecia no campo de Chełmno; ou como quando os destinatários de correspondências familiares *confiaram* seus papéis aos coletores do arquivo Ringelblum. É a mesma confiança que me parece acontecer na maioria das imagens de que falo aqui, ou seja, na relação estabelecida entre o fotógrafo e o fotografado. É que ambos faziam parte do mesmo mundo. Eles estavam diante um do outro, sem dúvida, mas para apoiarem-se um no outro numa situação que os envolvia – os assassinava – a ambos.

Vendo as fotografias do arquivo Ringelblum, me veio espontaneamente uma fórmula com um tom um tanto sombrio: eu disse a mim mesmo que *os moribundos se olhavam então uns aos outros*. Um pouco como, em outras situações – de fato menos trágicas, mas também situações de reclusos, de prisioneiros –, humilhados foram capazes de se olhar uns aos outros.[1] Assim contemplei esse conjunto de fotografias como uma grande lamentação visual, uma assunção do estatuto de algo que *desaparece* de cada uma delas, no entanto guiadas – sustentadas, aparelhadas, constituídas – por um olhar o mais digno e preciso possível. Como na fórmula de Gershom Scholem sobre a *kinah* hebraica ("o ensinamento se lamentava e a lamentação ensinava"),[2] todo documento do *Oyneg Shabes*, seja ele manuscrito ou fotografado, constrói essa *dupla distância* na qual a emoção pode se fazer conhecimento e o conhecimento se fazer emoção.

Ao virar as páginas plastificadas do fichário contendo as fotografias do arquivo Ringelblum, paro por um momento numa imagem de um menino do gueto, mendicante na rua. Com a mão direita ele carrega uma caixa de alumínio; com a esquerda, ele faz o gesto imemorial do mendicante. Atrás dele está um muro de tijolos. Seu boné é do mesmo tipo que o da famosa "criança judia de Varsóvia" que pouco depois – em abril ou maio de 1943 – levantaria os braços sob a ameaça das armas alemãs.[3] Ele parece ao mesmo

---

1. Cf. G. Didi-Huberman, « Quand l'humilié regarde l'humilié » (2009), *Remontages du temps subi. L'œil de l'histoire, 2*. Paris: Les Éditions de Minuit, 2010, p. 197-215.
2. G. Scholem, *Sur Jonas, la lamentation et le judaïsme*, op. cit., p. 61.
3. Cf. F. Rousseau, *L'Enfant juif de Varsovie. Histoire d'une photographie*. Paris: Éditions du Seuil, 2009.

tempo sorrir para o fotógrafo e se lamentar. Espontaneamente inclinei meu próprio rosto em direção à foto, sem ousar tirá-la de sua proteção de plástico transparente, e fotografei-lhe um grande detalhe. Estando assim tão próximo do rosto dessa criança, eu não teria reproduzido algo do próprio gesto fotográfico, o gesto enquanto *contato*? Mas, deixando a imagem em seu envelope de proteção – o que criaria, na minha própria foto, algo de uma nuvem luminosa, uma atmosfera nebulosa que não existe na imagem em si –, eu não teria mantido uma *distância* no próprio cerne da emoção que me tomou naquele momento?

Uma fotografia não responde, o mais frequentemente, a essa própria fenomenologia? Ela não é contato e distância ao mesmo tempo? Mais ou menos contato e mais ou menos distância? É significativo que esse duplo estatuto – com suas consequências éticas, simultaneamente postas em jogo – transpareça, aqui e ali, na prática histórica de Ringelblum, assim como na escrita de seu *Diário do gueto*. Quando ele instigou a escrita de uma montagem documental dos "Esboços" ou "Imagens do gueto", por exemplo, ele optou resolutamente por um modo de abordagem muito visual, sensorial em geral: um conjunto de "imagens sonoras" – o que resultou em sintagmas descritivos como *Uuuuueeeeeeeee !!!!* [as sirenes], *Ratatatat ! Ratatatat ! Ratatatat !* [as metralhadoras], ou *S.O.S. ! S.O.S. ! S.O.S.! S.O.S. !!!!!!!!*[4] – e de planos tipicamente cinematográficos ou fotográficos, não por acaso qualificados de "instantâneos".

Em seu *Diário*, aliás, Emanuel Ringelblum comenta o paradoxo segundo o qual as crianças judias encerradas no gueto então só podiam ver as belezas de sua própria cidade, Varsóvia, por meio de fotografias.[5] Ele evoca, em agosto de 1941, esse "mendigo, antes trabalhador dos campos

---

4. *The Ringelblum Archive. Underground Archive of the Warsaw Ghetto, I. Warsaw Ghetto : Everyday Life*, op. cit., p. 4 e 17.
5. E. Ringelblum, *Journal du ghetto de Varsovie*, op. cit., p. 251.

[de trabalho, que] carrega consigo uma fotografia na qual ele aparece todo bonito, com um frescor, jovem e saudável, ao passo que, naquele momento, ele agora oferece a imagem de um fiapo humano enrolado em farrapos".[6] Ele também não esqueceu os usos imundos da fotografia, principalmente quando ela foi utilizada como "quadro de caça" ou troféu de guerra pelos nazistas. Já em 13 de abril de 1940, ele aponta: "Em Lublin se encontrava um [membro da Gestapo] chamado [Anton] Brandt, que tinha uma fotografia de um grupo de Judeus alinhados virados para uma parede e em seguida uma segunda foto na qual se via que a metade deles havia sido assassinada. O terceiro [grupo], assim como o segundo, ajudava a enterrar o primeiro".[7] Na mesma data, ele evoca como "uma mulher me relatou que um militar mostrou-lhe a foto de uma família judia e riu de maneira *unhejmlech* [estranhamente inquietante]. De toda maneira, ele se recusava a contar o que havia acontecido e qual era a ligação existente entre ele e a fotografia. Mas entende-se que ele havia assassinado essa família judia".[8]

Passei as últimas horas de minha estada no Instituto histórico judaico na grande sala do departamento de fotografia montado, há cerca de trinta anos, por Janek Jagielski, que pesquisava – e ainda pesquisa – todos os tipos de imagens capazes de documentar, de perto ou de longe, em contato ou à distância, os aspectos múltiplos da vida e da morte no gueto de Varsóvia. Janek Jagielski trabalha à moda antiga: ele poderia, sob outros céus, ter contribuído para os inventários iconológicos de Aby Warburg em Hamburgo. Ele utiliza papel e tesoura, cola e caixas de papelão, em total coerência com uma epistemologia daquilo que poderíamos nomear de *era*

---

6. Ibid., p. 257.
7. Ibid., p. 96.
8. Ibid., p. 98-99.

do papel.⁹ Sua metodologia é, consequentemente, bastante diferente da que rege o próprio arquivo. Ele marca acima das imagens, com pequenas setas, o local exato – a rua e o número – que as imagens do gueto que passam por suas mãos documentam. Ele tenta ao máximo identificar, nomear as pessoas fotografadas: outra maneira – obstinada, impossível – de se aproximar. Ele conhece cada lápide, cada fragmento subsistente dos cemitérios judaicos de Varsóvia. Ele se preocupa, portanto, acima de tudo com a prosopografia e a tipografia, nessa cidade que não tem mais suas ruas nem seus rostos de outrora.

Ele recorre a todas as fontes. Não tem medo de utilizar as imagens dos nazistas. Além das coleções conhecidas de Willy Georg ou de Heinrich Jöst, sem contar o aterrorizante *Rapport Stroop*,¹⁰ Janek Jagielski reuniu uma extraordinária documentação fotográfica que provém, pode-se dizer, dos fundos dos bolsos dos uniformes dos soldados da SS ou da Wehrmacht que estavam estacionados em Varsóvia. Essa documentação deveria ser estudada por si só: não há dúvida de que ela contribuiria para ampliar os mais recentes conhecimentos adquiridos sobre esse assunto.¹¹ Aqui estou eu folheando esses terríveis papéis-fotos: papéis que gritam. O *Umschlagplatz* fotografado em pleno "translado" de Judeus para Treblinka. Pessoas mortas na rua, fotografadas de um veículo, provavelmente militar. Cadáveres esparsos por todos os lugares, mutilados de todas as maneiras.

---

9. Cf. sobretudo A. te Heesen (dir.), *Cut and Paste um 1900. Der Zeitungsausschnitt in den Wissenschaften*. Berlin: Vice Versa, 2002. A. Kramer et A. Pelz (dir.), *Album. Organisationsform narrativer Kohärenz*. Göttingen: Wallstein Verlag, 2013.

10. J. Stroop, *The Stroop Report : « The Jewish Quarter of Warsaw is no more ! »* (1943), facsímile e trad. anônima, New York, Pantheon Books, 1979. R. F. Scharf (dir.), *In the Warsaw Ghetto, Summer 1941. Photographs by Willy Georg with Passages from Warsaw Ghetto Diaries*, Londres, Robert Hale, 1993. G. Schwarberg, *In the Ghetto of Warsaw : Heinrich Jöst's Photographs*, op. cit.

11. Cf. V. Uriah (org.), *Flashes of Memory. Photography during the Holocaust*. Jerusalém: Yad Vashem, 2018.

E o que poderia ter incitado tal soldado alemão a fotografar um berço vazio perto do muro do gueto? A que sentimento de poder, visualmente erigido, correspondem essas imagens da rua em que os Judeus se limitam a levantar o chapéu (sinal de que o fotógrafo era um alemão, de modo que todo "escravo" estaria então obrigado a saudar respeitosamente seu "senhor")?

Penso novamente nas várias polêmicas, principalmente na França, sobre a legitimidade ou não de utilizar as fontes visuais, sobretudo alemãs, da Shoah.[12] Não caímos sub-repticiamente no "ponto de vista nazista" ao simplesmente olhar uma foto tirada por um SS? Janek Jagielski, octogenário de grande experiência, não parece de acordo: depois de passar dias e mais dias diante das "imagens gritantes" de sua documentação, ele continua livre de tal ponto de vista sobre elas. Por que as fotografias de Heinrich Jöst ou do relatório elaborado pelo general da SS Jürgen Stroop permanecem verdadeiras balizas para nos orientar no amargor desse tempo e continuam, assim, a guiar nossa apreensão histórica do gueto de Varsóvia? Porque às vezes imagens são mais potentes que aquele que acredita tê-las "tirado". Porque essas imagens sabem nos mostrar algo bastante diferente daquilo que o próprio fotógrafo viu. Porque imagens podem sempre testemunhar contra aquele que as tirou.

Cabe a nós não ter medo de olhar. Isso é possível quando olhar é saber criticar aquilo que se vê. Durante meu primeiro dia de visita ao Instituto histórico judaico, lembro-me de ter ficado extremamente impressionado ao ver um filme que eu não conhecia, um filme em 16 milímetros e a cores, proveniente dos arquivos federais de Koblenz, realizado no gueto pelos alemães em maio de 1942. É um filme de propaganda, é claro: tudo o que vemos realmente aconteceu diante da câmera, mas tudo o que vemos que aconteceu foi falsificado de antemão, encenado, travestido, oprimido,

---

12. Cf. G. Didi-Huberman, *Images malgré tout*. Paris: Les Éditions de Minuit, 2003.

invertido. Vemos, por exemplo, num açougue, grandes peças de carne bem vermelhas – é esse vermelho, esse belo vermelho Agfacolor, que me tocou profundamente (na hora, eu não entendi por quê). É o vermelho da vida, mas da vida que foi morta. É o vermelho do interior dos corpos. É a carne que os Judeus não podiam comer, já nesse mesmo maio de 1942, quando, justamente, Emanuel Ringelblum se desespera em seu *Diário* – que conta aliás certos detalhes sobre essa filmagem de propaganda nazista – com o fato de que a organização de sopas populares não impede que as pessoas "morram como moscas".[13]

Uma fotografia, como o fotograma de um filme, traz contato e distância ao mesmo tempo. As palavras "clichê", "impressão", "prova" ou "folha de contato" bastam para indicar que a visualidade fotográfica procede, pelo menos no âmbito das técnicas baseadas na prata, de acordo com algo como uma *semelhança por contato*.[14] Mas, na "tomada" – ou "captura" – de uma "vista", a palavra *tomada*, que denota um contato, se prolonga e se realiza numa *vista* que, por sua vez, pressupõe a distância. A mesma imagem – penso, por exemplo, na de uma criança agachada, sozinha, contra o muro do gueto – pode se encontrar ao mesmo tempo nos papéis do *Oyneg Shabes* (ou seja, protegida num dos cofres do arquivo) e no acervo fotográfico organizado mais tarde por Janek Jagielski (ou seja, facilmente acessível e manipulável). Assim, *de impressão em impressão* e pela graça da reprodutibilidade técnica inerente ao meio fotográfico, essa imagem terá se tornado esparsa, disseminada, múltipla. Ela se encontra, aliás, em outros acervos fotográficos além do de Varsóvia, e é por isso que ela se tornou mais famosa que outras (ela foi reproduzida, por exemplo, na coletânea de Borwicz, a partir da impressão do Centro de Documentação

---

13. E. Ringelblum, *Journal du ghetto de Varsovie*, op. cit., p. 327, 329 e 341.
14. Cf. G. Didi-Huberman, *La Ressemblance par contact. Archéologie, anachronisme et modernité de l'empreinte* (1997). Paris: Les Éditions de Minuit, 2008.

Judaica Contemporânea, em Paris).[15] A cada vez a qualidade visual da impressão se revelará sem dúvida bastante diferente, ao ponto que a noção de "original" pode frequentemente perder, nesse tipo de história, todo sentido específico.

De impressão em impressão, portanto, o contato se reproduz e se dissemina, criando com isto o espaço de uma distância. A partir daí, é absurdo querer desembaraçar, diante de uma mesma imagem, a noção de contato e de distância. É significativo, por exemplo, que a edição dos arquivos Ringelblum tenha que recorrer, perante as transcrições e o aparato crítico, a reproduções fotográficas, mesmo que de má qualidade, dos manuscritos:[16] era uma maneira de *prolongar o contato* com a grafia dos testemunhos, portanto com a temporalidade e a emotividade inerentes a seus gestos últimos para se dirigir ao mundo. "Prolongar o contato" nada mais é que *criar uma distância* nova, tão necessária e fecunda quanto o próprio contato foi originário e fecundo. Eis porque os membros do *Oyneg Shabes* não hesitaram em fotografar por conta própria impressões fotográficas já existentes, obtendo imagens de onde se veem, nos cantos – como no *Bilderatlas* de Aby Warburg –, as tachinhas destinadas a manter a impressão inicial para melhor reproduzi-la e, portanto, dar-lhe uma chance de sobrevivência. Com essas tachinhas visíveis em certas impressões do arquivo, percebemos assim algo do próprio trabalho que se fez necessário, mesmo que por bricolagem, para que fosse possível um testemunho de textos em textos e de imagens em imagens.

Tal seria, pois, a heurística implementada, sem nenhuma hesitação e sem remorsos quanto à "origem" das imagens, pela equipe do *Oyneg Shabes*. Nós mesmos não utilizamos, todos os dias, imagens que são apenas

---

15. M. Borwicz (org.), *L'Insurrection du ghetto de Varsovie*, op. cit., fig. 2.
16. Cf. por exemplo *Archiwum Ringelbluma. Konspiracyjne Archiwum Getta Warszawy*, I. *Listy o Zagładzie*, op. cit., ou ainda *Archiwum Ringelbluma. Konspiracyjne Archiwum Getta Warszawy*, III. *Relacje z Kresów*, op. cit.

fotografias de fotografias? De forma mais ampla, nós não expressamos aquilo que nos "toca" criando uma distância, mas formando-a como contato disseminado, aberto ao mundo, reproduzido via de regra de longe, *esparso apesar do contato*? O filósofo Giorgio Colli não falava da *expressão* em geral como algo que brota do mais profundo (semelhante ao humor viscoso que sai das entranhas da aranha) para migrar ao seu redor, de longe em longe, até o próprio pensamento que toda *representação* envolve (semelhante, portanto, à maravilhosa teia que a aranha tece, a partir de suas próprias vísceras, entre duas árvores)?[17]

Nos cadernos póstumos de sua *Filosofia do contato*, Giorgio Colli escreve de forma lapidar: "Verdadeiro é dizer o que deriva de um contato".[18] O contato seria portador da verdade, ainda é preciso saber "derivá-lo" com justeza em direção ao pensamento. É preciso, ainda, não pensar o contato como um ponto abstrato, mas como um gesto ético assumido em sua própria fragilidade: "uma divisão entre dois pontos contíguos" que se constitui, portanto, como a abertura de um "interstício".[19] Já como um espaçamento. Um movimento de "deriva" no próprio ato do contato: uma partida rumo ao esparso.

---

17. G. Colli, *Philosophie de l'expression* (1969), trad. M.-J. Tramura. Montpellier: Éditions de l'Éclat, 1988, p. 71.
18. Id., *Philosophie du contact. Cahiers posthumes*, II (1961-1977), org. E. Colli, trad. P. Farazzi. Paris: Éditions de l'Éclat, 2000, p. 95.
19. Ibid., p. 39-40.

Esparsas: ondas afetivas que, nos seres em suspensão, vão e vêm como numa ressaca permanente, separam-se e retornam entre a angústia e o sorriso, a perspectiva da morte e a possibilidade de fazer, apesar de tudo, um jogo de palavras.

Podemos traçar uma linha divisória muito nítida, nos documentos fotográficos do *Oyneg Shabes*, entre os rígidos retratos de grupo do *Judenrat* – onde percebemos que uma classe social privilegiada ostenta, de forma irrisória porque também ela morrerá, o orgulho que ela tem de si mesma – e as imagens do pequeno povo que a polícia judaica tenta colocar em fila, em grupos ou em massas compactas. Nessas últimas imagens, acontece alguma outra coisa: estando o fotógrafo nunca muito longe, os rostos se distinguem perfeitamente, e as pessoas não hesitam em olhar na direção da câmera. Vemos por exemplo, num grupo de homens, alguns que, rindo, ironicamente ou de bom-humor, saúdam em direção à câmera. Numa fotografia que tiro de sua proteção de plástico, vejo claramente um grupo de mulheres cujos rostos parecem, cada um, expressar – além do sentimento de expectativa ligado à situação – um afeto particular. O único policial judeu visível nessa imagem é visto de costas, como se estivesse saindo do enquadramento. Uma jovem mulher, com uma sacola, um suéter branco e um casaco escuro, sorri para a câmera. Ela será vista numa outra fotografia, posando bem aprumada ao lado de Adam Czerniaków.[1]

O que esse sorriso expressa? A confiança no fotógrafo, sugiro inicialmente. Mas também, sem dúvida, uma certa confiança no próprio "governo judaico", que Adam Czerniaków dirigia. Ao ler os comentários implacáveis de Bernard Goldstein, compreendemos então que essa confiança era antes uma questão de grande credulidade: "A rua está lotada de gente. Sentados nas calçadas, homens esperam, com um pacote na mão. Crianças vagam chorando e chamando 'Papai! Mamãe!'. O espetáculo é estranho: homens se barbeiam, se lavam, se penteiam e se limpam; mulheres se empoam, pintam os lábios e as bochechas, arrumam os cabelos olhando-se no espelho, ajeitam as roupas: é uma questão de agradar ao diabo! De mostrar-se em seu melhor para os selecionadores, parecer apto ao trabalho, capaz de ser útil", a fim de possivelmente escapar, por meio de um trabalho qualquer,

---

[1]. Segundo Janek Jagielski, a fotografia data de 11 de março de 1942 e mostra um grupo de mulheres soltas da prisão judaica após um período de encarceramento. Na mesma data, Adam Czerniaków anota nos *Carnets*: "Às 15h30 libertei da prisão judaica 151 prisioneiros, dos quais cinco morreram; sete estão no hospital. Enviei mais de trinta para um refúgio, os outros voltaram para casa. Fiz um discurso aos prisioneiros. Todos ficaram muito emocionados. Uma multidão aguardava os prisioneiros na rua." A. Czerniaków, *Carnets du ghetto de Varsovie*, op. cit., p. 225.

à fome que reinava no gueto. "O que se passa no cérebro, na alma desses infelizes jogados entre a vida e a morte?", terminava por se perguntar Goldstein, cujos apelos para encarar o extermínio, por meio dos panfletos do Bund, não tiveram efeito sobre a população do gueto.[2]

Seria esse sorriso de algum modo em camadas, dúbio? Ele não abrangeria dois significados ao mesmo tempo, um voltado para a vida (confiança no outro, no outro Judeu) e o outro voltado para a morte (credulidade quanto às mentiras nazistas fatalmente transmitidas pelo *Judenrat*)? Vem-me à memória que, em seu livro sobre o *Witz*, Freud cita o poeta Heinrich Heine, que escreve: "O rosto dela parecia um palimpsesto".[3] Poderíamos facilmente afirmar, diante das fotografias conservadas no Instituto judaico de Varsóvia, que muitos rostos ali são palimpsestos, como se a escrita de seu destino atual se apagasse para sempre por trás de seus sorrisos de esperança ou de convivialidade. Assim como Hersh Wasser, que, em 1946, procurava o porão da rua Nowolipki no meio de um mar de escombros, e Agnieszka Kajczyk, que hoje procura, sob as ruas atuais de Varsóvia, a topografia de uma cidade destruída, seria preciso saber fazer a arqueologia de cada sorriso, de cada rosto fotografado, para encontrar-lhes o nome, a voz, a história, as esperanças e desesperanças. Há, de fato, um "serviço genealógico" no Instituto histórico judaico de Varsóvia: seus pesquisadores tentam restaurar como eles podem a textura do tempo de cada um por trás dos vestígios de imagens, de lápides ou de relatórios da prefeitura que escaparam da extinção.

É exatamente isso que Ringelblum buscava que constituísse o arquivo. Da mesma maneira que Aby Warburg, em 1902, buscou "restaurar o tim-

---

2. B. Goldstein, *L'Ultime Combat. Nos années au ghetto de Varsovie*, op. cit., p. 143.
3. Citado por S. Freud, *Obras completas, volume 7: O chiste e sua relação com o inconsciente* (1905), trad. F. Costa Matos e P. C. de Souza. São Paulo: Companhia das Letras, 2007, p. 125.

bre de vozes inaudíveis" vasculhando os papéis do *Archivio* de Florença,[4] Emanuel Ringelblum terá feito de sua prática de historiador uma pesquisa das vozes, dos rostos, das singularidades. Rostos? Quer dizer – longe de tudo o que a polícia procura, nomeadamente as faces –, possibilidades éticas oferecidas por um olhar trocado, uma voz que fala, um gesto acolhedor, uma palavra de verdade ou de reconhecimento. Um rosto é tudo isto: é alguém que o olha e lhe fala, que lhe confia suas lágrimas e seus risos – suas emoções, sem dúvida, mas também seu *espírito*. Que espírito? O espírito dos grandes espíritos? Sem dúvida havia, no gueto de Varsóvia, professores e sábios, rabinos e poetas, artistas ou historiadores: até o fim eles tentaram incitar seus companheiros a não perder a cabeça.

Também é preciso falar, no entanto, nessa situação histórica, do espírito dos pequenos: para eles, as brincadeiras e o humor eram muitas vezes salutares. E um dos pontos fortes de Ringelblum – mesmo se por um interesse antropológico – foi ter também registrado, na temporalidade de pesadelo que foi a do gueto de Varsóvia, os gracejos ou as boas histórias que corriam pela população. Não há dúvida de que Ringelblum compreendeu perfeitamente o que Freud, em seu livro sobre o *Witz* [chiste], havia deduzido do mecanismo em comum que este tem com o sonho: o trabalho psíquico do chiste, escreve, "dá o passo do optativo [pretérito imperfeito do subjuntivo] ao presente do indicativo, substituindo um 'ah, se fosse assim...' por um 'é assim' " [5] enunciado de forma figurada, com humor ou ironia. É assim que Ringelblum, em seu *Diário*, não hesita em passar dos fatos mais atrozes às brincadeiras desesperadas e às piadas esperançosas inventadas pelo povo do gueto.

---

4. A. Warburg, « L'art du portrait et la bourgeoisie florentine. Domenico Ghirlandaio à Santa Trinita. Les portraits de Laurent de Médicis et de son entourage » (1902), trad. S. Muller, *Essais florentins*. Paris: Klincksieck, 1990, p. 106.
5. S. Freud, *O chiste e sua relação com o inconsciente*, op. cit., p. 232.

Por exemplo, em 23 de novembro de 1940: "É impossível encontrar pão, e ele custa 4 *złotys* o quilo. O mesmo acontece com o preço da farinha e de outros produtos de primeira necessidade. As lojas estão vazias." E, sem nenhuma transição: "O Mestre do Universo enviou um anjo à Terra para ver o que está acontecendo. Eis o que ele relatou quando subiu de volta: 'Na Alemanha, na Itália e no Japão, todos estão vestindo uniformes e falam de paz. Na Inglaterra, todos estão à paisana e discutem a guerra. Na Polônia, todos caminham de pés descalços e creem na vitória', os Judeus da Polônia convencidos de que tempos melhores virão." Em 20 de maio de 1941, Ringelblum observa que as pessoas falam de Rudolf Hess brincando com as palavras *ness* ("milagre" em hebraico), *mess* ("cadáver") e *hesleche*, que é próximo de *hässlich* ("detestável" em alemão).[6]

Em 8 de maio de 1942, enquanto muitos "morriam como moscas", Ringelblum relata no entanto: "Dizem que Churchill teria convidado para sua casa o *rebe* de Ger para consultá-lo a respeito de como derrotar a Alemanha. O *rebe* lhe teria respondido assim: 'Há duas maneiras de vencer, uma natural e outra sobrenatural. A maneira natural consistiria em 1 milhão de anjos armados de espadas flamejantes que desceriam sobre a Alemanha e a derrubariam. A maneira sobrenatural envolveria 1 milhão de paraquedistas britânicos sendo lançados sobre a Alemanha, destruindo-a.'"[7] Mesmo nas cartas mais comoventes, por exemplo, na época dos massacres em massa na região de Hrubieszów, encontramos esse humor triste que brinca com o nome do gueto de Grabowiec – de onde algumas cartas seriam enviadas a Varsóvia em 4 de junho de 1942 – com a palavra *grobowiec*, que significa em polonês o "lugar em que se cava", ou seja, o túmulo.[8]

---

6. E. Ringelblum, *Journal du ghetto de Varsovie*, op. cit., p. 168 e 248.
7. Ibid., p. 326-327.
8. *Archives Ringelblum. Archives clandestines du ghetto de Varsovie, I. Lettres sur l'anéantissement des Juifs de Pologne*, op. cit., p. 172-174.

Não perder o contato com o espírito, fazê-lo falar – até o fim. Imaginar, considerar, se questionar, criticar, comentar: continuar a ler o mundo. Ringelblum, certamente, compartilhou dessa atitude, ao ponto de até mesmo, em seu ímpeto de coleta documental e na escrita de seu *Diário*, chegar a um incomparável grau de profundidade e de intensidade. Tudo aquilo que ele observa à sua volta constitui então, literalmente, uma descrição daquilo que acontece nele mesmo, segundo ele ou para ele. Um historiador adora livros, isso é óbvio. Já no começo de seu *Diário*, Ringelblum conta, arrasado, a destruição e a pilhagem dos livros do gueto pelos alemães. Os próprios Judeus, por medo, destroem ou escondem seus livros: "Tesouros de livros preciosos foram destruídos, assim como antigas revistas, por medo desses novos tempos. Um certo Rozasj guardou seus livros dentro de uma barricada, no caso de a situação vir a mudar. Grande parte do acervo do Yivo [o Instituto científico iídiche] foi perdido no fogo, bibliotecas inteiras foram incendiadas", escreve Ringelblum já em dezembro de 1939.[9]

Em seguida, os Judeus do gueto passam a vender seus livros mais preciosos, na calçada da rua, para comprar um pouco de pão. E apesar disso, observa Ringelblum, "durante os bombardeios [de 1939], a única seção da biblioteca [nacional polonesa] a permanecer em atividade foi o departamento de *Judaica*. Cerca de trinta pessoas, das quais 25 Judeus, iam até lá para retirar livros, apesar de todos os perigos que tiveram que enfrentar para chegar à biblioteca[10]". Quando não havia mais livros para tomar emprestado ou para consultar, passaram então a escrevê-los eles mesmos, febrilmente: "Ele enlouqueceu. O velho professor está escrevendo suas memórias. [...] A necessidade de escrever as próprias memórias é tão

---

9. E. Ringelblum, *Journal du ghetto de Varsovie*, op. cit., p. 34.
10. Ibid., p. 155.

grande que até mesmo garotos muito novos, internados nos campos de trabalho, fazem isto".[11]

Impressionante plasticidade de espírito: a cada nova situação de terror, uma nova invenção de gestos, de imagens, de linguagens, de canções. Quando, em janeiro de 1942, os alemães impuseram o "decreto sobre as peles" – que obrigava todos os Judeus do gueto a entregar seus casacos, regalos ou golas de pele, e até os gorros das crianças, para que fossem revertidos para os soldados do Reich que enfrentavam o inverno russo –, Ringelblum enumera uma série de respostas, desde a submissão (desobedecer a esse decreto era punível com a morte) até a decisão de destruir suas próprias peles "para que elas não caíssem nas mãos do inimigo"; mas ele observa também como "esse caso das peles também deu origem a um abundante folclore" de piadas ou de canções de rua.[12] Ringelblum dedicaria várias páginas de seu *Diário* – além dos documentos levantados para o *Oyneg Shabes* – a isto que ele chama de "trabalho cultural no gueto":[13] ensino clandestino, teatro iídiche, concertos, conferências científicas etc.

Junho de 1942 marcaria uma fase crucial, na qual Ringelblum escreve: "Nossa vida e nossa morte dependem apenas do tempo de que eles dispõem. Se eles ainda tiverem muito tempo, então nós estamos perdidos". Ainda assim, ele pergunta: "O que a população do gueto está lendo?"[14]. Ele mesmo tentava então – nas profundezas do perigo – mergulhar no "grande livro de [Maxence] Van der Meersch" sobre a invasão alemã, em 1914, do norte da França.[15] O detalhe é importante: ele mostra como a cultura do historiador não era isenta de uma abertura a perspectivas comparativas. A história dos outros nunca deixará de nos ensinar algo sobre a nossa,

---

11. Ibid., p. 53 e 202.
12. Ibid., p. 307-309.
13. Ibid., p. 252.
14. Ibid., p. 355.
15. Ibid., p. 356.

por mais ardente e singular que seja. Hoje, é Emanuel Ringelblum que devemos ler para entender, talvez, o que acontece em outros momentos do tempo e em outros lugares do espaço.

Esparsas: falhas políticas, diferenças e dissensões que um mesmo povo, mesmo ameaçado em sua globalidade, deixa surgir dentro de si tal como margens opostas de um rio – atingidas, no entanto, por uma mesma tempestade.

Em dado momento de nossa discussão a respeito das imagens do *Oyneg Shabes*, na pequena sala do arquivo Ringelblum, tirei de um envelope, para melhor observá-la, uma das duas fotografias em que se vê como acontecia o tráfico de comida por cima do muro do gueto: como, em resumo, certos Judeus, que recusavam a situação de serem *colocados contra a parede*, tentavam, arriscando a própria vida, *pular o muro*. Por acaso, a imagem logo acima mostra um policial judeu em posição de sentido diante de Adam Czerniaków – que, apesar de seu estatuto de "presidente", usa a infame braçadeira –, rodeado, visivelmente, por alguns oficiais superiores. É aqui que se aninha, entre essas duas imagens, uma gritante rachadura política. Uma discordância fundamental. É aqui que dois mundos, dentro do mesmo mundo ameaçado – o gueto em si e todos aqueles que ali vivem –, entram em conflito.

Essa realidade conflitante contribui para aumentar a tragédia geral, evidentemente. Alguns pensavam retardar ou atenuar a violência nazista por meio de negociações, de tratados de todo tipo. Outros, pelo contrário, acreditavam que isso servia apenas para facilitar o funcionamento da máquina de extermínio nazista. Emanuel Ringelblum era um desses. Já em dezembro de 1939, ele constatava que "alguns vão para clandestinidade, se escondem e não são mais vistos", logo admitindo, em março de 1940, que "um Judeu só pode viver na ilegalidade [e que] não existe possibilidade de viver em conformidade com a legalidade".[1] Ele descreve então, por exemplo, as diferentes maneiras de se contrabandear carne para dentro do gueto, "seja conduzindo a pé os animais ainda vivos ou trazendo a carne de animais já abatidos ritualmente. Cavalos são introduzidos ainda vivos, de tal maneira que entra um carro com dois cavalos atrelados em par, e que sai [em seguida] apenas com um".[2]

Ringelblum descreve também os códigos utilizados durante as ligações telefônicas entre o gueto e a "zona ariana" para organizar a passagem de mercadorias por cima do muro: "Por exemplo, *A* significa que as mercadorias podem ser entregues às cinco horas. *B* quer dizer que a via não está livre."[3]

---

1. Ibid., p. 38 e 93.
2. Ibid., p. 297.
3. Ibid., p. 313.

Ele faz um balanço, em outubro de 1942, a respeito da questão, crucial, dos esconderijos: "1) nas casas, 2) sótãos, 3) porões e escombros. Paredes duplas, alcovas muradas, sótãos ocultos, aparadores colados às paredes e cobertos, quartos de fundos e espaços abobadados fechados por fora..."[4] Em 24 de dezembro de 1942, ele observa: "Agora todos estão montando esconderijos. Estão construindo em todos os lugares [...]. Isso se tornou literalmente uma profissão especial que está prosperando e se desenvolvendo."[5] Um pouco mais adiante, um detalhe perturbador: "Em 90% dos casos, são os policiais judeus que descobrem os esconderijos".[6]

Ringelblum foi um historiador realista: ele viu muito claramente que, com essa grande brecha existencial, social e política cavada entre a legalidade (por atos policiais legitimados por um contrato imposto pelos nazistas) e ilegalidade (por atos ilícitos legitimados pelo simples desejo de sobrevivência), foi justamente toda a população do gueto – o próprio "povo judeu" – que entrou num regime de conflito interno, e isso no próprio momento em que ela estava inteiramente ameaçada de extinção. Ao observar o comportamento de seus companheiros no *Diário*, Ringelblum frequentemente condena "a obscenidade, a indecência dos ricos".[7] Ele observa que "os convertidos se comportam de maneira repugnante".[8] Ele constata como "a decadência moral do gueto aumenta dia após dia", o que se manifesta, não por acaso, nas atitudes em relação ao sexo, ao dinheiro e à morte. Os moribundos e os cadáveres, sobretudo, "quase não causam mais comoção": "Uma indiferença à morte, tão impressionante quanto notável, se instaurou".[9] Os cadáveres são enterrados às pressas em mortalhas

---

4. Ibid., p. 370.
5. Ibid., p. 402.
6. Ibid., p. 404.
7. Ibid., p. 133.
8. Ibid., p. 210.
9. Ibid., p. 200, 263 e 346-347.

de papel que em seguida são recuperadas por um tráfico deplorável, tal como por vezes são arrancados os dentes de ouro de pessoas falecidas.[10]

Mas Emanuel Ringelblum foi, também, um historiador marxista: ele viu muito claramente, a esse respeito, que tudo isso era, de saída, a consequência de certas escolhas – ou de certas relações de força – políticas. "A desmoralização da rua judaica", escreve entre 6 e 11 de maio de 1941, "assumiu formas terríveis. [...] Tudo isso está ligado à situação política."[11] Ele escreve então, além das diferenças entre as várias correntes políticas, o "ódio à polícia" entre a população.[12] Historiador marxista, ele não teme – apesar do fato de a população judia ser indistintamente ameaçada pelos nazistas, o que ele não ignora – ver uma "luta de classes" no que acontece politicamente dentro do gueto. Ele se mostra enojado com as desigualdades gritantes, a coexistência da maior miséria e a arrogância de uma burguesia que, muito equivocadamente, está certa da perenidade de seus privilégios. Em janeiro de 1942, após uma magnífica descrição do "comércio de livros" – que termina, irônica e afetuosamente, com a frase: "Um homem de letras continua sendo um homem de letras" –, Ringelblum dedica alguns parágrafos sem concessão, intitulados "O caráter da classe da *kehile*": ou seja, da *kehilah*, palavra hebraica que designa a comunidade judia tradicional ou o conjunto de fiéis na sinagoga, mas que Ringelblum aqui emprega, muito pouco afetuosamente, para falar do Conselho judaico, do *Judenrat*.[13]

Para entender a empreitada do *Oyneg Shabes*, é fundamental nunca perder de vista o fato de que ele funcionou na clandestinidade do começo ao fim: tanto para o *Judenrat* quanto para as autoridades nazistas. Isso faz do arquivo Ringelblum um tesouro paradoxal, um tesouro de *papéis párias*, de

---

10. Ibid., p. 246, 279 e 281.
11. Ibid., p. 242.
12. Ibid., p. 388-391.
13. Ibid., p. 311-313.

testemunhos de uma sobrevivência que não jogava o jogo proposto pelas personalidades proeminentes da comunidade judaica. Raul Hilberg lembra, em sua obra monumental *A Destruição dos Judeus da Europa*, que, "por decreto do Governo geral [do Reich alemão na Polônia], datado de 28 de novembro de 1939, toda a comunidade judaica devia eleger um *Judenrat* de doze membros, caso ela fosse composta de menos de 10 000 pessoas, e de 24, caso maior." Na época, muitos Conselhos já funcionavam, mas a promulgação do texto afirmava sua dependência em relação à administração civil recentemente instaurada, e confirmava sua qualidade de instituições oficiais. Tanto na Polônia quanto no interior do Reich, os *Judenräte* eram compostos essencialmente por judeus proeminentes do pré-guerra, que já haviam feito parte dos conselhos de comunidades da época da República polonesa, ou representado partidos políticos judaicos nos conselhos municipais, ou ainda que tiveram uma função nas associações religiosas ou de caridade. Muito frequentemente, um oficial dos *Einsatzgruppen* ou um funcionário da nova administração civil convocava o antigo presidente do conselho comunitário – ou, na falta deste, algum delegado ou um outro membro que consentisse – e lhe ordenava a integrar o *Judenrat*. Essa seleção apressada geralmente resultava na manutenção de muitos dos antigos dirigentes, sem a adição de novas personalidades. Em Varsóvia e em Lublin, por exemplo, a maioria das antigas personalidades foi mantida em suas funções.[14]

Sabemos a tempestade que se armou com foi a publicação da crítica política aos *Judenräte* por Hannah Arendt em seu *Eichmann em Jerusalém* – um tumulto, aliás, ainda hoje longe de estar apaziguado. A crítica de Arendt toca num ponto nevrálgico – ou uma ferida central – daquilo que se deve

---

14. R. Hilberg, *La Destruction des Juifs d'Europe* (1985), trad. M.-F. de Paloméra e A. Charpentier. Paris: Fayard, 1988 (reed. Paris, Gallimard, 1991), I, p. 189-190. Cf. I. Trunk, *Judenrat. The Jewish Councils in Eastern Europe under Nazi Occupation*, New York- Londres, Collier-MacMillan, 1972.

entender por "povo judeu". Ao proferir seu terrível julgamento a respeito do papel dos *Judenräte* no próprio processo de extermínio – mesmo que isso significasse editar, na segunda edição de 1966, certas passagens que tanto ofenderam seus contemporâneos, principalmente Gershom Scholem –, no fim das contas, independentemente de um ponto de vista marxista, Hannah Arendt estava apenas sublinhando a ruptura política entre o povo dos guetos e seus próprios dirigentes, essas personalidades alistadas pelos alemães e que acreditaram poder salvar alguma coisa por meio de "negociações". "Gostaria mais uma vez de sublinhar a diferença que deve ser estabelecida quando se trata de julgar, de um lado, os Conselhos judaicos e, de outro, a massa do povo judeu", escreve Arendt, por exemplo, em 14 de setembro de 1963, numa resposta a Gershom Scholem.[15]

A terrível realidade é que todos eles foram, finalmente, massacrados. Arendt, em 1963, proferia então seu julgamento contra pessoas mortas – Adam Czerniaków, por exemplo.[16] Um gesto filosoficamente, historicamente e politicamente necessário, mas também altamente blasfematório, sobretudo quando sabemos da decisão teológico-política das instâncias judaicas oficiais, ocorrida no pós-guerra, de colocar todos os Judeus mortos entre 1939 e 1945 sob o signo do *Kidush Hashem*, a "santificação do Nome": decisão memorial cujo desafio era, obviamente, reunir na morte um povo com efeito unido pela hostilidade de seus perseguidores, mas dividido na realidade histórica de seu tormento – ou em suas realidades existenciais, sociais e políticas cotidianas – por conflitos inerentes à sujeição estabelecida pelos "senhores" dos *Judenräte*, que Arendt chama de *establishment*, sobre o restante do "povo".

---

15. H. Arendt, *Eichmann à Jérusalem. Rapport sur la banalité du mal* (1963-1964), trad. A. Guérin, revista por M.-I. Brudny-de Launay e M. Leibovici. Paris: Gallimard, 2002, p. 1375 (dossiê).
16. Ibid., p. 1106-1107 e 1132-1133.

PAPÉIS-CONFLITOS

Nestas páginas, eu mesmo escrevo o substantivo *Judeu* com letra maiúscula, apesar de por muito tempo ter escrito a mesma palavra com letra minúscula. Esta, em francês, denota o pertencimento a uma religião: diz-se "judeu" como quem diz "muçulmano" ou "cristão". A maiúscula, por outro lado, denota o pertencimento a um povo – e como duvidar que, dentro dos muros do gueto de Varsóvia, era justamente um povo, religioso ou não, que tentava sobreviver a um aniquilamento programado? Mas a ideia de que esse povo foi unido na dor ou na luta contra o opressor é, infelizmente, ilusória. O paradoxo reside no fato de que esse povo foi unido na morte, mas esparso na vida: plural, atravessada por brechas, fissuras, conflitos. É isso que Hannah Arendt queria destacar. Voltar aos textos de Ringelblum e aos arquivos do *Oyneg Shabes* nos confronta com essa história no próprio tempo em que ela se desenrolava, e constatamos então que Ringelblum, em sua experiência no coração da tragédia, profere palavras ainda mais duras que as de Arendt sobre o *Judenrat*: assim, ele não hesita, em seu *Diário*, em falar da polícia judaica como de uma "polícia de gângsteres" ou de um bando de "gestapistas judeus".[17]

Todo arquivo reúne e separa ao mesmo tempo. O de Ringelblum reúne, em suas múltiplas provações, o povo judeu cercado de Varsóvia, e ao mesmo tempo separa *os povos judeus* do gueto ao documentar com precisão suas divergências, sem medo de complicar tudo. E tomando posicionamentos. É por isso que os documentos desse arquivo podem ser considerados como "papéis-conflitos", mas também como "papéis-desafio": sua própria existência foi uma absoluta violação das regras, externas e internas, da governamentalidade do gueto. É como se o *desespero*, mas também o *desejo* de se insurgir, abrisse a existência para algo como um *devir-esparso*. Em 6 de março de 1940, Ringelblum aponta em seu *Diário*: "Eles [os *Einsatzgruppen*] matavam três pessoas com uma única bala. Em Parczew, muitos

---

17. E. Ringelblum, *Journal du ghetto de Varsovie*, op. cit., p. 331-332 e 339.

queriam cometer suicídio. Eles se dispersaram no caminho para se insurgirem, dado que havia apenas treze guardas".[18]

Foi então que, progressivamente, o arquivo concebido com a função de documentar se tornou esse conjunto esparso de *papéis insurgidos*: documentos para testemunhar certos atos de resistência, mas também para se manterem, eles mesmos, à altura de tais atos. Por volta de 10 de outubro de 1940, Emanuel Ringelblum evoca as possíveis forças de uma resistência à situação imposta pelos nazistas e retransmitida pelo *Judenrat*. Ele se pergunta sobre as tendências políticas de certos grupos, sem esquecer um deles, comunista, que se autodenominava *Spartacus*.[19] No fim de agosto de 1941, ele diz estar consternado com o silêncio e a resignação das "massas judias", que ele atribui às mentiras dos nazistas, à confiança que se tinha no *Judenrat*, ao medo de represálias e, sobretudo, à ausência de uma organização política digna de tal nome.[20]

Mais tarde, em 15 de outubro de 1942, ele se pergunta com angústia: "*Por quê?* – Por que não resistimos quando foi iniciada a evacuação [forçada] de 300 mil Judeus de Varsóvia? Por que deixamo-nos levar como ovelhas ao matadouro? Por que foi tão fácil para o inimigo [atingir seus objetivos], sem passar pelo menor contratempo? Por que nenhuma vítima foi feita do lado dos carrascos? Por que cinquenta membros da SS (alguns afirmam que esse número era ainda menor), assistidos por uma seção de duzentos ucranianos e letões (auxiliares da SS), conseguiram pôr em prática [esse projeto] assim, sem o menor conflito?". Esse *por quê?* ou esse *como?* abrem aqui um questionamento abissal, desesperado, e que poderia surgir como a retomada – impensada, sem dúvida – da pergunta obsessiva e

---

18. Ibid., p. 75.
19. Ibid., p. 139-140.
20. Ibid., p. 266-267.

acusadora *eichah*, que forma, significativamente, a primeira palavra do livro das Lamentações.[21]

Emanuel Ringelblum logo tratou de indagar o chamado que havia sido lançado: o chamado à revolta. Samuel Kassow conta como o historiador se aproxima progressivamente do jovem Mordechai Anielewicz, com quem, em 1939, ele teve a oportunidade de trocar livros e conversas sobre história e economia. Anielewicz, que lideraria a insurreição do gueto em 1943 e ali morreria aos 24 anos de idade, sustentava desde o início a ideia de que apenas a resistência armada podia responder à situação dos Judeus confrontados com a máquina de extermínio nazista. Evocando o jovem Anielewicz, Ringelblum confessa um remorso a respeito da relação discordante – mais uma – entre os jovens decididos a engajar-se numa luta armada e os homens "maduros" do gueto: "Nosso camarada Mordechai cometeu um segundo erro, cujas consequências foram duramente sofridas pela história dos Judeus de Varsóvia e dos Judeus poloneses. [Os jovens] deram muita atenção às opiniões da geração adulta – às pessoas experientes, aos sábios, aos que pesaram e pensaram, que apresentaram mil argumentos bem-pensados contra a ideia de combater o ocupante. O resultado é uma situação paradoxal. Os adultos, que já haviam vivido metade de suas vidas, falavam, refletiam, preocupavam-se em sobreviver à guerra. Os adultos sonhavam com a vida. Os jovens – o melhor, o mais bonito, o mais nobre elemento que o povo judeu possuía – só conseguiam pensar numa morte honrosa. Eles não pensaram em sobreviver à guerra, não forjaram documentos"arianos", não encontraram apartamentos do outro lado. Sua única preocupação era a morte mais honrosa, o tipo de morte que merece um povo bimilenar".[22]

---

21. G. Scholem, *Sur Jonas, la lamentation et le judaïsme*, op. cit., p. 59-60.
22. Citado por S. D. Kassow, *Qui écrira notre histoire ?*, op. cit., p. 526.

Não é de surpreender que, nessas condições, um dos últimos textos do *Diário* de Emanuel Ringelblum tenha sido um elogio dos jovens resistentes: *"Resistência*. – O Judeu do pequeno gueto que agarrou um alemão pelo pescoço. O outro atirou, enfurecido, matando treze Judeus (na rua Pańska ou Twarda). – O Judeu da rua Nalewki que roubou a arma de um ucraniano e fugiu. O papel da juventude. – Os únicos que restaram no campo de batalha, românticos, sonhadores. [...] Jovens, partisanos, atos diversionistas."[23] Embora o próprio Ringelblum nunca tenha pegado em armas – apesar de ter arriscado a própria vida várias vezes para salvar muitos de seus companheiros –, podemos dizer que todo o seu empreendimento de historiador, seu empreendimento documental, deve ser entendido como um ato de resistência e de desafio, a tal ponto que Ruta Sakowska fala de uma "vitória intelectual póstuma" sobre a mentira e o aniquilamento orquestrados pelos nazistas.[24]

O *Oyneg Shabes* poderia sem dúvida ser visto como um modesto – embora tão difícil e arriscado – empreendimento de saber histórico fundado sobre a coleta de múltiplos documentos. Mas o saber é como aquele que os coleta, produz e transmite: ele se aniquila ou quer aniquilar. Ou então ele se eleva e quer nos elevar. A história, como bem diz Enzo Traverso, não é apenas a narrativa das batalhas conduzidas pelos homens: ela mesma é também um campo de batalha.[25] E hoje? A Europa não está mais em guerra, mas a guerra não cessa de devastar outros horizontes. A Europa não está mais em guerra, mas ela não sabe acolher os refugiados da guerra. Sua memória falha constantemente. Sem dúvida porque, sem que ela o saiba muito bem, *a sua memória está em guerra.*

---

23. E. Ringelblum, *Journal du ghetto de Varsovie*, op. cit., p. 365.
24. R. Sakowska, « Introduction », *Archives Ringelblum. Archives clandestines du ghetto de Varsovie, I. Lettres sur l'anéantissement des Juifs de Pologne*, op. cit., p. 43.
25. E. Traverso, *L'Histoire comme champ de bataille. Interpréter les violences au XXe siècle*. Paris: La Découverte, 2011.

PAPÉIS-CONFLITOS

Aqui mesmo, em Varsóvia, entre os resquícios do muro do gueto e os pretensiosos prédios comerciais, entre os jovens estudantes *Antifa* que encontro por ocasião de uma conferência e os projetos de lei liberticidas do governo atual, sinto que a memória, tanto aqui quanto em outros lugares, é um grande campo de batalha. A brevidade de minha estada não me permite apreender seu conteúdo, sua extensão ou sua intensidade exata. Mas eu sinto que, ao meu redor, estão em ação brechas e rachaduras de memória. Por enquanto, e no que diz respeito ao único objetivo de minha visita, consigo ver claramente a falha estrutural que opõe, por exemplo, o arquivo Ringelblum e o *Polin*, grande museu dedicado à história dos Judeus poloneses recentemente construído na frente do velho monumento histórico e massivo, erguido em 1948 nessa zona do gueto que ainda não era um campo de escombros.[26] O arquivo recebe o visitante com um chão ainda marcado pela explosão da sinagoga pelos nazistas; o museu recebe o espectador como num percurso lúdico e pós-moderno. O arquivo é silencioso, embora guarde milhares de testemunhos cujos gritos esperam ser lidos em pedaços de papel ou pacientemente escrutinados em documentos visuais; o museu é falante como alguém que, após muito tempo calado, quisesse repentinamente contar tudo ao mesmo tempo, de modo que milhares de imagens fixas e em movimento, visuais e sonoras, se sobrepõem a milhares de textos a tal ponto que, por amálgama, tudo se torna praticamente ilegível e invisível. O arquivo é um local de trabalho crítico; o museu, um local de distração "interativa". O arquivo conserva objetos pouco espetaculares – principalmente folhas de papel – vindos do próprio subsolo do gueto; o museu expõe inúmeros artefatos, como uma poltrona em acrílico no estilo do século XVIII, uma biblioteca fictícia, uma parede de monitores de vídeo

---

26. Cf. M. Sołtys e K. Jaszczyński (org.), *1947 : The Colors of Ruins. The Reconstruction of Warsaw and Poland in the Photographs of Henry N. Cobb*. Varsóvia: Dom Spotkań z Historia, 2012 (ed. 2013), p. 75.

e até a reconstituição de uma rua de Varsóvia. O museu é um local para se divertir por um momento, e depois a maior parte das imagens e dos textos será rapidamente esquecida, de tanto que tudo é sobreposto. No arquivo, é preciso apenas ter tempo. Tempo de não esquecer: de construir e reconstruir incansavelmente nosso pensamento do tempo histórico.

Esparsos: arcanos da tradição. Um dia, alguém confere a esta uma virada inaudita, sem dúvida porque então o próprio perigo reinava de maneira inaudita. Os que falam de traição não veem que uma nova verdade do tempo acabava de se formular, que é a própria tradição que acabava de renascer da clandestinidade de seu esconderijo, de sua caixa (*arca*). Os miseráveis papéis ali reunidos poderiam tornar-se, no entanto, nossos papéis mais sagrados, como novos manuscritos do Mar Morto. E a caixa – de lata, coberta de mofo que fosse – seria então como uma nova arca da aliança: uma aliança reencontrada, pelas lágrimas reunidas em papéis afogados, com a própria história, a história dos povos judeus.

Se os nazistas tivessem identificado quem era Emanuel Ringelblum – mas eles o assassinaram após o terem torturado, em março de 1944, sem saber até que ponto ele era seu inimigo –, eles teriam nele reconhecido a figura extrema de tudo aquilo que mais abominavam, ao ponto de terem medo: uma figura de "intelectual judeu-bolchevique". O que poderia ser mais perigoso para os tiranos dessa época do que alguém ao mesmo tempo intelectual, judeu e marxista? Mas, igualmente, o que haveria de mais delicado do que isso para conservar para si mesmo, dialetizar? Historiador marxista, Emanuel Ringelblum certamente observava os fenômenos de crença com circunspecção. Ele tinha ciência da necessidade de confiança e do processo de credulidade inerentes a uma situação tão dominada pelo medo: "A novidade? Ficamos doentes só de pensar nisso", escreve em seu *Diário* em abril de 1940. "A atmosfera da cidade é terrível. [...] A inquietação da população é indescritível. As pessoas parecem ter perdido totalmente a cabeça".[1]

Do medo à credulidade, a população do gueto deixa o caminho livre para todo um leque de crenças e superstições que Ringelblum observa com o mesmo nível de precisão sociológica quanto de desânimo moral: quanto mais corre solta a imaginação, mais ausente se torna a lucidez política – que, por sua vez, não suscita nenhum consolo possível. Em março de 1940, "nasceu na rua Pańska – [pelo menos] é o que se diz – uma criança que imediatamente começou a falar. Ela afirmou que, no *Roch Hashanah* [o Ano Novo judaico, ou seja, no setembro seguinte], a salvação virá para os Judeus, e morreu logo em seguida".[2] Quando as dinamites utilizadas pelos alemães só conseguiram fazer alguns buracos nos muros da velha

---

1. E. Ringelblum, *Journal du ghetto de Varsovie*, op. cit., p. 104 e 275.
2. Ibid., p. 92.

sinagoga de Tarnów, sem que ela desabasse completamente, "os Judeus reconheceram ali a manifestação da potência divina".[3]

Rumores circulam por toda parte e a todo tempo no gueto. O clima é – compreensivelmente – de paranoia. Em dezembro de 1940, "várias previsões sobre o futuro e a vitória circulam"; em maio de 1941, "espalhou-se como fogo uma notícia" de que Hermann Goering teria morrido: "Baseado nisso, o gueto começou a fazer *getrunken lechayim* [brindes] [...] Sonhando, as pessoas já imaginavam o muro derrubado."[4] Em setembro de 1941, Ringelblum aponta: "Ouvi falar de uma mulher que teria previsto a muitas pessoas o que lhes aconteceria no futuro próximo. [...] Essa mulher garante que, em novembro deste ano, a guerra terminará".[5] Em maio de 1942, "a vidente Madame M. [...] prediz que, em junho, não haverá mais muros em Varsóvia"[6] (o que podemos muito bem compreender de diferentes maneiras: tudo será liberado ou tudo será destruído?).

Nada disso impede o historiador judeu Emanuel Ringelblum de compreender que sua missão de arquivista do desastre talvez represente, tanto para a história de seu povo quanto para a de todos os povos do mundo, algo de sagrado. Com os testemunhos recolhidos pela equipe do *Oyneg Shabes*, a humanidade, um dia, poderá escrever um novo Livro de Jó ou mesmo um novo Livro das Lamentações. É significativo que Ringelblum, em janeiro de 1942, se regozije do fato de que ainda podem ser encontrados, nas ruas do gueto, livros proibidos, como os de Karl Kautsky, Stefan Zweig, Lion Feuchtwanger, Karl Marx ou Lênin; mas que, por outro lado, ele se ofenda que alguns Judeus venham a vender seus volumes do Talmud: "Também nota-se recentemente – coisa que nunca tinha visto antes – a venda de volumes do Talmud. Este é um legado precioso que se transmite,

---

3. Ibid., p. 162.
4. Ibid., p. 183 e 244.
5. Ibid., p. 272.
6. Ibid., p. 323.

devotamente, por herança, de geração em geração. O fato de que eles sejam assim vendidos em cestas é um verdadeiro *chilul-hashem* [blasfêmia] e indica a que ponto de decadência nós chegamos".[7]

Valores esparsos no coração de uma mesma situação: "decadência" moral de um lado, como diz Ringelblum – um medo que desvia o espírito e descarta os valores éticos –, tradição mantida de outro. Isso inerva os menores gestos, os mais triviais, as mais miseráveis, como quando um mendigo, em abril de 1941, "recita em voz alta versos dos Salmos" por algumas moedas; ou quando a questão *eichah*, "como", a saber, a questão fundadora da lamentação hebraica tradicional, passa a estar presente até nas piadas populares do momento.[8] Sobre o lamento: durante minha visita no Instituto histórico judaico de Varsóvia, parei diante de uma folha coberta de uma escrita, ou, antes, de duas escritas muito bonitas, mas para mim ilegíveis. Tirei uma fotografia. Anna Duńczyk-Szulc me explicou que se tratava do sermão de um *rebe* de que fala, justamente, Samuel Kassow em seu livro *Quem escreverá nossa história?*[9]

Seu nome era Kalonymous Shapiro (ou Szapiro). *Rebe* ou rabino de Piaseczno, uma cidade alguns quilômetros ao sul de Varsóvia, ele se juntou ao gueto, onde proferia sermões semanais nos quais, logicamente, ele tentava alinhar a situação concreta ao espírito do texto sagrado. Ele se esforçava, portanto, para situar a história das perseguições nazistas na perspectiva – não histórica – das grandes catástrofes bíblicas. Aquilo que inicialmente interpretei como uma segunda escrita, no papel fotografado, é na verdade também sua, mas com um ano de diferença: em 1941, ele escreve que o que estava acontecendo com o povo judeu era o que *sempre* lhe acontecia; em 1942 – ou seja, após o começo da "grande deportação"

---

7. Ibid., p. 312.
8. Ibid., p. 221 e 304.
9. S. D. Kassow, *Qui écrira notre histoire ?*, op. cit., p. 443-444.

–, ele escreve, ao contrário, que o que estava acontecendo com o povo judeu era justamente algo que *nunca* tinha acontecido. Entre essas duas afirmações, ele se situa num equilíbrio trágico que evoca fortemente certos personagens extremos da tradição hassídica, sobretudo Menahem Mendel de Kotzk: sua ira era tamanha que chegaram a exigir que o próprio Deus comparecesse ao tribunal dos homens.

Devemos também lembrar que, no *Oyneg Shabes*, havia entre os ativistas e os marxistas do grupo um rabino chamado Shimon (ou Szymon) Huberband, cuja tolerância quanto aos ateus e às "pessoas de esquerda" em geral é destacada por Menahem Mendel Kohn em um texto bastante elogioso.[10] Huberband se especializou na coleta de arquivos sobre a vida religiosa. – sobretudo a destruição de sinagogas e as profanação de cemitérios –, mas também sobre a cultura material em geral, o folclore do gueto ou a vida nos campos de trabalho.[11] Samuel Kassow aponta que "seus escritos eram frequentemente intransigentes e polêmicos. Tal como Ringelblum, Huberband se via como historiador, não como hagiógrafo, e não media palavras. Ele podia chamar os *hassidim* de Gur de bêbados egocêntricos e qualificar os membros do Bund ateus de mártires corajosos".[12] Acabo de encontrar, em minhas fotografias do Instituto histórico judaico, um documento de 1941 no qual o rabino Huberband exclama: "Eu acuso! Eu clamo por vingança!".

O próprio Ringelblum foi bastante atento ao comportamento dos religiosos nas circunstâncias dramáticas da perseguição nazista. Em 8 de maio de 1942, por exemplo, ele escreve: "Conta-se a seguinte história, que é bastante característica e dá uma ideia da relação que os Judeus poloneses têm com a justiça social, a *tsedaka* [caridade]. Há dois anos, o *rebe* de Radzyń

---

10. Ibid., p. 246.
11. Ibid., p. 247.
12. Ibid., p. 248.

escreveu a seus *hassidim* [discípulos] de Lublin, instando-os a vender seus móveis a fim de levantar dinheiro para obras de caridade. Ele sabia que os negócios não iam bem na época e que, consequentemente, seus próprios *hassidim* não tinham dinheiro; por isso ele lhes pedia para vender seus móveis. Quando os alemães chegaram a Lublin, eles confiscaram quase todos os móveis dos apartamentos de judeus. Mais tarde, o *rebe* escreveria aos *hassidim* para incitá-los a vender suas peles e a doar esse dinheiro para as obras de caridade. Novamente, os discípulos não lhe obedeceram, vieram os alemães e levaram todas as suas peles. Finalmente, o *rebe* lhes escreve pedindo que vendessem suas roupas de shabat, a fim de doar as quantias assim levantadas aos mais necessitados. Mais uma vez, os *hassidim* não atenderam a seu pedido e os Judeus foram então expulsos de Lublin."[13]

Fico estarrecido com o fato de que essa história constrói uma parábola hassídica absolutamente típica – do ponto de vista literário –, mas fundada em elementos históricos atrozes, exatos e bem-conhecidos: ela lembra, portanto, um estranho *conto documentário*. Em 14 de dezembro de 1942, Ringelblum evoca, em meio a detalhes históricos e políticos sobre a situação do gueto, as lendas populares em torno do tema dos *roytè Yidelech* ou "Judeus vermelhos" – e que eram estritamente, à sua própria maneira, os membros do *Oyneg Shabes* –, a saber, os supostos descendentes das Dez Tribos perdidas do Reino de Israel antes de sua destruição pelos assírios, e que deveriam retornar no fim dos tempos.[14] Todas essas formações compostas entre os temas mais imemoriais da tradição e os eventos mais atuais da história política contribuem para situar o trabalho do *Oyneg Shabes* num plano que está além de qualquer oposição entre "memória" e "história" judaicas, tal como Yosef Hayim Yerushalmi notoriamente aponta em *Zackhor*, por exemplo, quando ele coloca esta questão

---

13. E. Ringelblum, *Journal du ghetto de Varsovie*, op. cit., p. 325.
14. Ibid., p. 395.

principal: "Nas provações que conheceram os Judeus, a memória do passado foi sempre essencial, mas por que os historiadores nunca foram seus primeiros depositários?"[15]

Assim, Emanual Ringelbum soube encontrar – que difícil! – a forma do íntimo trançado no qual memória e história se enlaçam mutuamente. Para isso, ele precisou se engajar tanto na memória "paciente" da tradição – o infinito comentário dos textos sagrados, a repetição perpétua dos gestos rituais – quanto na história "urgente" da política, essa situação do gueto que representava, para todos, a todo momento, o maior perigo e que exigia, consequentemente, posicionamentos imediatos e inéditos. É nessa urgência absoluta que ele encontrou, por conta própria, as virtudes fundamentais da renovação da história e da memória que só encontramos entre os grandes, tais como Jules Michelet ou Jacob Burckhardt, Aby Warburg ou Walter Benjamin.

O *Oyneg Shabes*, se pensarmos bem, já inseria essa natureza dialética do projeto de Ringelblum em seu próprio nome. Falar de "alegria do shabat" quando, nas reuniões de sábado, o que se fazia era, clandestinamente, o balanço dos documentos acumulados, reunidos, recopiados, reclassificados – isso não seria, ao mesmo tempo, algo como uma ironia sobre a tradição e um certo exercício da tradição? Segundo a tradição, durante o shabat, no qual todo trabalho é proibido, o *estudo* por sua vez é bem-vindo e, consequentemente, a *leitura*. E não era isso, estudo e leitura, que faziam os camaradas do *Oyneg Shabes*? Sem dúvida nenhuma. Mas os membros do grupo não tinham, evidentemente, nem o tempo nem a "alegria" de reler e de discutir juntos as histórias do rei Salomão. Eles trocavam e registravam os fatos atrozes e cotidianos da sobrevivência no gueto, eles mesmos diretamente ameaçados de morte. Toda a sua "alegria do shabat"

---

15. Y. H. Yerushalmi, *Zakhor. Histoire juive et mémoire juive* (1982), trad. É. Vigne. Paris: La Découverte, 1984 (reed. Paris, Gallimard, 2008), p. 12.

se concentrava, antes, na tarefa avassaladora e na urgente necessidade, no entanto, de uma *escrita* do desastre presente. E essa escrita era *trabalho*, um intenso e inconsolável trabalho de arquivo.

Em sua introdução a um estudo intitulado *Relações entre Judeus e Poloneses ao longo da Segunda Guerra mundial,* escrito no fim de sua vida naquele que foi seu último esconderijo, Emanuel Ringelblum definiu a si mesmo tanto como *historiador* como praticante de uma disciplina materialista fundada sobre o documento; mas também como uma espécie de *escriba*, não da Torá, como diz a tradição, mas da realidade presente dos homens: "Quando um *sofer* – um escriba [judeu] – vai copiar a Torá, ele deve, segundo a lei religiosa, tomar um banho ritual a fim de se purificar de todas as sujeiras e impurezas. Esse escriba toma a pena com o coração trêmulo, porque o menor erro de transcrição significa a destruição da obra inteira. É nesse sentimento de medo que eu comecei o trabalho que leva o título acima".[16] Mas como ficava essa atividade de escriba quando se tratava de recolher as cartas jogadas dos vagões ou de descrever o estado de fome nas ruas do gueto?

Ringelblum entendeu que a situação inaudita dos Judeus dessa época exigia algo como uma escrita ela mesma inédita: uma escrita capaz de estabelecer uma ponte entre as situações materiais e as condições existenciais, entre os exames de fatos e as nuvens de emoções. Essa escrita não se decide, literalmente, com um estalar de dedos. Ela só pode ser deduzida da montagem feita pelo *Oyneg Shabes* em seus apanhados de textos – logo, de estilos – os mais heterogêneos. É na passagem da estatística ao grito, na coexistência dos fatos observados com o lirismo das transposições, do *Witz* [chiste], que emerge a *possibilidade de estilo* de que o *Diário*

---

16. Citado por S. D. Kassow, *Qui écrira notre histoire ?*, op. cit., p. 539.

de Abraham Lewin[17] ou os "documentos-poemas" de Władysław Szlengel são, para Ringelblum, como momentos fundadores, chamados a tornar-se *balizas* de memória e de história, de lamentação e de levante.

Na introdução de um texto de janeiro de 1943 intitulado *O que eu leio aos mortos*, Szlengel descreve assim sua determinação em ser uma voz para os mortos e os moribundos: "Com todo o meu ser, tenho a sensação de que estou sufocando enquanto o ar de meu barco afundado lentamente se esgota. As razões pelas quais estou nesse barco nada têm a ver com heroísmo. Estou aqui contra a minha vontade, sem nenhuma razão nem culpabilidade. Mas estou aqui, nesse barco. E embora eu não seja o capitão, ainda sinto que é meu dever relatar aqueles que afundaram. Não quero deixar apenas estatísticas. Por meus poemas, meus esboços e meus escritos, quero enriquecer (a palavra é ruim, eu sei) o dossiê histórico que será escrito no futuro. Na parede de meu submarino, rabisco meus documentos-poemas. A meus companheiros, eu, poeta do ano 1943 d.C., leio meus rabiscos".[18] Esses "rabiscos" e "documentos-poemas" estavam destinados a se tornar, com muitos outros, conhecidos ou anônimos, nossos papéis sagrados dessa história, ainda que atulhados numa lata de leite meio apodrecida.

---

17. A. Lewin, *Journal du ghetto de Varsovie. Une coupe de larmes* (1940-1943), trad. [do inglês] D. Dill. Paris: Plon, 1990.
18. Citado por S. D. Kassow, *Qui écrira notre histoire ?*, op. cit., p. 451.

Esparsos: nascimentos de nossa história. A destruição espalha tudo: coisas, corpos, almas, espaços, tempos. Tudo está quebrado, fracionado, fragmentado. A princípio, veremos apenas os escombros. Tudo está destroçado. Tudo são pedaços esparsos, à deriva. Nada mais é um. Mas, desse múltiplo estilhaçado, algo também pode nascer, contanto que um desejo novamente se erga, uma voz se eleve, um sinal seja lançado ao mundo futuro, uma escrita assuma a tarefa.

Também fotografei, sem saber muito bem o motivo, esse pedaço de papel. É um pedaço de um cartão postal. Não consegui decifrar o que estava escrito, mas senti, só de olhar a forma de sua caligrafia ou de seus rabiscos, que era algo de urgente. Encontro agora a transcrição dessa mensagem no primeiro volume do *Arquivo Ringelblum*: ele foi jogado por uma certa Laja, ainda não identificada, de um vagão saindo da estação de Varsóvia-Praga, em 16 de dezembro de 1942, com destino a Auschwitz.¹ Ela havia escrito: "Coloque em uma caixa de correio, por favor. – Sobretaxa de 18 *groszy* – [A] L. Przygoda, Varsóvia, 46 rua Mila. – 16. XII quarta-feira – Na parada em Praga, escrevo-lhe algumas palavras. Não sei aonde nós vamos. Fique bem. Laja".²

Não sabemos mais quem foi Laja. Sabemos apenas que ela foi morta, que ela se foi em meio à fumaça, nas cinzas de um dos crematórios de Auschwitz-Birkenau. Em abril e maio de 1943, todo o gueto de Varsóvia também se foi: completamente destruído, incendiado pelos alemães, reduzido a um campo de escombros e cinzas. Depois, em janeiro de 1945, com o Exército Vermelho que se aproximava, os nazistas explodiram as câmeras de gás de Birkenau, numa tentativa de apagar os vestígios. Em resumo, nessa história, tudo parece ter desaparecido: os seres humanos, aos milhões, bem como os lugares em que passaram suas vidas e, também, em que encontraram a morte, fossem eles de tijolo, de pedra ou de concreto. Apesar de tudo, algo de muito frágil restou: esse pequeno pedaço de papel, ainda legível, e que permanece portador do pedido de Laja.

Foi esta a empreitada, louca e sábia, do *Oyneg Shabes*: tentar capturar o máximo possível de migalhas, de restos ainda visíveis, de pequenos pedaços vindos da destruição, e depois reuni-los, escondê-los, coletá-los, montar um arquivo. Uma obra decisiva que transformava o que a destruição tornou esparso num apanhado da verdade. Uma carta magnífica, como que incrustada de citações poéticas e bíblicas, resume tudo isso da

---

1. *Archiwum Ringelbluma. Konspiracyjne Archiwum Getta Warszawy, I. Listy o Zagładzie*, op. cit., p. 326-327 (com reprodução).
2. *Archives Ringelblum. Archives clandestines du ghetto de Varsovie, I. Lettres sur l'anéantissement des Juifs de Pologne*, op. cit., p. 266.

seguinte maneira: "Eu poderia falar por mil bocas." Atribuída a Zelig Kalmanowicz e enviada a Varsóvia do gueto de Wilno em 23 de março de 1942, ela testemunha o surgimento do imperioso *desejo de abrir a boca*: "Imagine só, *estou cheia como uma romã* de coisas para contar. Eu quase diria: *Se todos os mares fossem tinta, e todas as árvores, penas*, etc. Eu poderia falar por mil bocas. Mas eu só tenho uma boca, e que, por enquanto, está amordaçada etc. Devemos ter confiança [...] até que possamos dizer a nós mesmos: *Aquele que dá a vida dará a possibilidade de abrir a boca*".[3]

Em outras cartas, a preocupação era, em palavras claras ou veladas, com aqueles a quem fora dada a vida, as gerações futuras: "Pode ser que um dia nossos filhos voltem para casa e que nós não estejamos mais lá para vê-los, e você [...] deverá contar-lhes o que nos aconteceu" (22 de janeiro de 1942)... "Principalmente não se esqueça da criança" (22 de fevereiro de 1942)... Em outra carta, o pânico, entre a escrita e o choro: "Gostaria de gritar a plenos pulmões" (24 de janeiro de 1942)... Uma outra tentava resserenar-se invocando o devir-conto de todo aquele infortúnio presente: "Isso tudo que vivemos [...] nós contaremos em tempos melhores" (16 de fevereiro de 1942)... Em outra, a desolação: "Ainda estou em Lublin, escondido num porão escuro, já há catorze dias que não vejo a luz do dia [...]. Não consigo escrever mais" (29 de março de 1942)... Outra carta acabava a lamentação assim: "Só nos restam os *Kadish*"[4] (23 de janeiro de 1942)...

Se a montagem de todos esses textos pode ser lida como uma imensa lamentação espalhada ao longo de 35 mil páginas de escritas diversas, cada qual com sua singularidade, é preciso também dizer que *essa lamentação nos ensina uma história* e que, mais ainda, sua própria existência e sua sobrevivência representam, para nós, algo que testemunha um intenso

---

3. Ibid., p. 127.
4. Ibid., p. 49, 54, 76, 86, 111-112 e 120. Kadish é a prece em memória dos mortos. [NE]

desejo e que, portanto, traz alguma esperança. Uma esperança, a princípio, ligada à escrita enquanto tal ou, mais exatamente, enquanto algo que um dia, próximo ou distante – em todo caso, através de mil armadilhas –, pode encontrar um leitor atento. Nem todas as garrafas lançadas ao mar chegam à costa, mas algumas sim. Não é qualquer um que, passeando à beira da praia, repara numa garrafa coberta de algas e conchas, mas alguns sim. Há muitas pessoas que se afogam ou que são reduzidas a cinzas por força de muitas injustiças ou de reinos de terror. A escrita seria, ao mesmo tempo, narrativa e constatação desse incessante afogamento e desse reduzir a cinzas: *seu próprio dar à luz*, a sobrevivência para que outra coisa possa nascer. Tudo isso por meio de lágrimas (um nada de água de amargura) e de letras (um nada de tinta escura) sobre alguns pedaços de papel.

É como um tipo de semente. Escrever só é recordação para que a escrita seja portadora de um futuro, de um desejo. Por exemplo, em *W, ou a memória da infância*, Georges Perec escreve: "Eu me lembro das fotos que mostram as paredes dos fornos laceradas pelas unhas dos asfixiados e um jogo de xadrez feito com bolinhas de pão".[5] Mas empregar tal montagem, que contrasta um signo mortífero com um signo lúdico, não é articular uma emoção jocosa sobre uma emoção de luto? Um *dar à luz* sobre um *reduzir a cinzas*? Ou ainda, a indicação velada de que o próprio jogo – é dele que provém a escrita de Perec, e aliás a escrita em geral, que é o jogo ou a brincadeira do pensamento – opera a partir de uma decisão ética, de uma coragem em certas circunstâncias difícil de entender: foi preciso que o prisioneiro de um campo de concentração tenha se privado um dia de sua ração de pão, mesmo que vital, para fabricar as peças de seu futuro jogo de xadrez.

---

5. G. Perec, *W ou le souvenir d'enfance*. Paris: Denoël, 1975 (reed. Paris, Gallimard, 1993), p. 215.

PAPÉIS-SEMENTES

Escrever um livro, nessa perspectiva, não seria nada além do gesto de tudo colocar em jogo quando tudo virou cinzas. Uma outra maneira de desejar jogar xadrez com peças de pão num lugar de opressão onde a liberdade está ausente.

Liber, em latim, serve para dizer ao mesmo tempo o ser-livre e o fazer-livro. É uma palavra relativa à *casca*, à parte interna, viva e mais tenra da casca das árvores,[6] mas é também uma palavra do esparso, no sentido em que é um conjunto de coisas dispersas – folhas de papel, cartas, palavras, motivos, narrativas, pensamentos – um belo dia reunidas em volume. O próprio ato de conhecer não se funda nessa aceitação da natureza *esparsa* do mundo, mesmo que isso signifique inventar suas possíveis conexões, semelhanças, afinidades ou contrastes? A etimologia de *esparso* vem do particípio *sparsum* do verbo *spargere*, que quer dizer "jogar aqui e ali, espalhar, disseminar". Utiliza-se esse verbo também num sentido ritual, quando derramamos [aspergimos] um líquido sobre algo ou alguém para benzê-lo.

Mas o que está *espalhado* também foi *semeado*. O espalhamento seria, portanto, semeadura (em grego, *speiroō*, "eu semeio", *sperma*, "a semente"). A disseminação seria seminal, um desaparecimento tendo primeiro disseminado tudo aos quatro ventos. Das *Sementes* de Novalis ("Tudo é semente"...) à *Disseminação* de Jacques Derrida (..."através do vocabulário da germinação e da disseminação"),[7] a escrita poderia ser compreendida como esparso coletado, como desaparecimento semeado. Um texto funcionaria, portanto, como um arquivista: ele reúne – remonta – o esparso. "O poético é coletar", dizia Heiner Müller, retomado hoje por Alexander Kluge no segundo volume da *Crônica dos sentimentos*.[8] Coletar, sim. Incan-

---

6. G. Didi-Huberman, *Écorces*. Paris: Les Éditions de Minuit, 2011, p. 71.
7. Novalis, *Semences*, trad. O. Schefer. Paris: Éditions Allia, 2004, p. 161. J. Derrida, *La Dissémination*. Paris: Éditions du Seuil, 1972, p. 338
8. A. Kluge, *Chronique des sentiments, II. Inquiétance du temps*, trad. dirigée par V. Pauval. Paris: P.O.L, 2018, p. 9.

savelmente. Mas sem consertos, sem remendos, sem consolos. Deixando as rachaduras visíveis. Deixando algo do jogo na montagem, na fronteira entre os textos e as imagens, de maneira a deixar cada fragmento em sua singularidade, em sua solidão acompanhada.

Esparsas, portanto. Mas também sementes. Em março de 1943, Avrom Sutzkever, do gueto de Wilno – onde, já no verão de 1941, 21 mil Judeus foram massacrados, antes de o gueto ser definitivamente liquidado em setembro de 1943 –, escreve um poema intitulado *Grãos de trigo*:

"Talvez estas palavras também
Vão durar, e chegada a hora,
Subir para a luz
E florescer inesperadamente.
E tal como o antigo grão
Tornou-se espiga
Talvez estas palavras vão nutrir,
Talvez estas palavras vão pertencer
Ao povo, em seu incessante caminho."[9]

O "antigo grão" de que fala Avrom Sutzkever é uma alusão aos grãos de trigo encontrados por arqueólogos no século XIX em urnas que ornavam as câmaras funerárias das pirâmides egípcias e que, dizem, mantiveram seu poder germinativo. É significativo que essa imagem de sobrevivência tenha sido utilizada por Walter Benjamin quando, em 1936, ele faz um elogio literário e filosófico do "narrador" (*Erzähler*), diferenciando-o do romancista, aquele que possui a "faculdade de trocar experiências", de transmiti-las a outrem.[10] Falando então de Heródoto como o "primeiro

---

9. Citado por S. D. Kassow, *Qui écrira notre histoire ?*, op. cit., p. 9 (trad. ligeiramente modificada).
10. W. Benjamin, « Le conteur. Réflexions sur l'œuvre de Nicolas Leskov » (1936), trad. M. de Gandillac revista por P. Rusch, *Œuvres, II*. Paris: Gallimard, 2000, p. 115.

narrador grego", Benjamin evoca a potência de uma certa narrativa vinda de tempos longínquos, mas "ainda capaz, após milhares de anos, de nos surpreender e de nos fazer refletir. Ele se assemelha àqueles grãos que, fechados hermeticamente ao longo de milênios nas câmaras das pirâmides, conservaram até hoje seu poder germinativo".[11]

Todos aqueles cujos poemas, bilhetes, histórias, crônicas ou testemunhos foram reunidos por Emanuel Ringelblum podem ser lidos segundo este paradigma: seus fragmentos de sobrevivência ou de morte são também sementes de vida, mesmo que para outrem. Eles falam, como diz Benjamin, com a "autoridade do moribundo", formando, para cada um deles, uma "figura na qual o Justo encontra a si mesmo".[12] Mas o que fazer, no presente, com esses pedaços de papel quase apagados, com essas palavras esparsas? Guardá-los, não como tesouros imutáveis, mas como sementes para o presente, para o futuro.

No avião no qual volto de Varsóvia, após esses três dias de descobertas e de sentidos constantemente despertados, sinto de repente um aperto no coração. Tento continuar a ler o livro de Samuel Kassow. Penso nesse jovem genealogista do Instituto histórico judaico que me ensinou sobre meus próprios "papeis amarelados" mais do que eu sabia até então. E lágrimas me vieram aos olhos. Digo a mim mesmo, então, que é imperativo trazê-las de volta ao espelho da página em branco e começar a escrever alguma coisa. Para que a lamentação ensine, nos levante.

(1º de outubro-2 de novembro de 2018)

---

11. Ibid., p. 125.
12. Ibid., p. 130 e 151.

Escrito após uma estada de três dias no Instituto histórico judaico de Varsóvia, do 1º ao 3 de outubro de 2018, este texto deve muito à iniciativa de Rafał Lewandowski, que me apontou, já na primavera de 2017, a existência das fotografias do Arquivo Ringelblum. Agradeço o convite e a hospitalidade a Paweł Śpiewak, diretor do Instituto, e a Anna Duńczyk-Szulc, que constantemente me guiou nessa descoberta e encontrou todas as respostas às minhas perguntas. Agradeço igualmente a Agnieszka Reszka, chefe do arquivo, Janek Jagielski, chefe do departamento de fotografia, Agnieszka Kajczyk, chefe do departamento pedagógico, e Matan Shefi, do serviço genealógico. Agradeço finalmente a Paweł Mościcki, que muito generosamente traduziu para o polonês minha conferência apresentada no Instituto em 2 de outubro. Uma parte desse texto está publicada, em tradução polonesa e inglesa, como catálogo da exposição *Światło Negatywu* (*Light of the Negative. Images from the Ringelblum Archive and Jerzy Lewczyński Archive*), apresentada no Instituto histórico judaico de Varsóvia em abril de 2019 sob a direção de Rafał Lewandowski e Anna Duńczyk-Szulc.

INCIPITS

- Esparsas: posições psíquicas
- Esparsos: restos de memória
- Esparsas: oportunidades de retorno
- Esparsas: escoriações da destruição
- Esparsos: porões, esconderijos
- Esparsas: partículas de celulose
- Esparsas: cartas lançadas
- Esparsas: razões para escrever
- Esparsas: tentativas de alerta
- Esparsas: maneiras de sobreviver
- Esparsos: trágicos caminhos do jogo e da morte
- Esparsas: modalidades do olhar
- Esparsas: perspectivas morais
- Esparsas: ondas afetivas
- Esparsas: falhas políticas
- Esparsos: arcanos da tradição
- Esparsos: nascimentos

Dados Internacionais de Catalogação na Publicação (CIP) de acordo com ISBD

D556c   Didi-Huberman, Georges

          Esparsas: viagem aos papéis do Gueto de Varsóvia / Georges Didi-Huberman - São Paulo : n-1 edições, 2023.
          135 p. ; 17cm x 23cm.

          ISBN: 978-65-81097-56-1
          1. História. 2. Levante. 3. Gueto 4. Testemunho 5. Arquivo I. Título

2023-1026   CDD 900
                                                    CDU 94

Elaborado por Vagner Rodolfo da Silva - CRB-8/9410

Índice para catálogo sistemático:

    1. História 900
    2. História 94

n-1

O livro como imagem do mundo é de toda maneira uma ideia insípida. Na verdade não basta dizer Viva o múltiplo, grito de resto difícil de emitir. Nenhuma habilidade tipográfica, lexical ou mesmo sintática será suficiente para fazê-lo ouvir. É preciso fazer o múltiplo, não acrescentando sempre uma dimensão superior, mas, ao contrário, da maneira mais simples, com força de sobriedade, no nível das dimensões de que se dispõe, sempre n-1 (é somente assim que o uno faz parte do múltiplo, estando sempre subtraído dele). Subtrair o único da multiplicidade a ser constituída; escrever a n-1.

Gilles Deleuze e Félix Guattari

n-1edicoes.org

v. 6d292a3